George Andoh

Seine Treue anschauen

AF196171

George Andoh

Seine Treue anschauen

Impressum

Autor: George Andoh
Deutsche Fassung: Anette Sorge
Gestaltung und Satz: Maxbauer Design
Verlag und Druck: tredition GmbH,
Halenreie 40–44, 22359 Hamburg
ISBN 978-3-347-16791-9

Die Bibelzitate sind, sofern nicht anders gekennzeichnet, der Elberfelder Bibel entnommen.

Inhalt

Vorwort 8

Du musst wissen, was dir gehört! 10

Wie alles anfing 12

Bündnis – Misstrauensvotum oder Ausdruck des Vertrauens? 13

Die Ehe – ein Bund des Vertrauens 14

Gottes Bund mit Abraham 16

In Christus bist du Abrahams Nachkomme 17

Die Verheißungen des Bundes 19

Die Kraft von Einfluss 22

Vertraue Gott in allem und gib dich nicht mit weniger zufrieden,
als er dir versprochen hat 25

Gehe in die Ruhe Gottes ein 27

Das Zeichen der Beschneidung 29

Das Bündnis mit Abrahams Nachkommen 31

Eine neue Identität 34

Bio-Produkte oder Chemie-Keule? 38

Was bedeutet es, in ihm zu bleiben? 40

Was es bedeutet, Täter des Wortes zu sein 45

Mache dich in allem von ihm abhängig 47

Was bedeutet Umkehr? 48

„Der Gott eurer Väter" 49

Erinnere dich! 50

Halte fest an der Verheißung! 51

Das Blut des Lammes 53

Der bessere Bund 55

Vom Gesetz zur Gnade 58

Sklavenmentalität oder Herzensbeziehung 60

Heilung, ein Bestandteil des Bundes 64

Erben der Verheißung durch Glauben 66

Schau auf das vollbrachte Werk von Jesus 68

Seine Treue anschauen

Von George Andoh

Es ist seit vielen Jahren meine Leidenschaft, die frohe Botschaft der Liebe Gottes zu verkündigen. Immer wieder staune ich über die Wege unseres himmlischen Vaters, dass er mich ausgerechnet aus Afrika nach Europa gebracht hat, um den Menschen hier zu dienen. Im Laufe vieler Jahre des Dienstes in Deutschland durfte ich immer wieder erleben, wie Menschen gesegnet und zerbrochene Herzen geheilt worden sind durch das Wort Gottes. Deshalb war es schon lange mein Anliegen, die Botschaften, die ich in der Gemeinde verkündige, auch in eine schriftliche Form zu bringen, um sie mehr Menschen zugänglich zu machen. Doch wie sollte ich das tun, mit meinen begrenzten Deutschkenntnissen? Trotzdem war es mir wichtig, ein Buch in Deutsch herauszubringen, denn mein Herz schlägt für die Menschen in diesem Land. Mir war klar, dass ich für diese Aufgabe Unterstützung brauchen würde. Die fand ich bei Anette Sorge, die es sich zu ihrem Herzensanliegen machte, meine Botschaften aufzuschreiben und sie in eine textliche Form zu bringen, die den Lesern meine Gedanken in deutscher Sprache verständlich macht.

An dieser Stelle möchte ich Anette Sorge meine tiefe Wertschätzung ausdrücken, nicht nur für ihre Kreativität, sondern für die vielen Stunden der Arbeit, die sie investiert hat, um meine Botschaften von der englischen in die deutsche Sprache zu bringen und so zu formulieren, dass sie exakt meine Gedanken wiedergeben.

Anette Sorge ist freiberuflich als Autorin tätig. Ihre Vision ist, vor allem Kindern und Jugendlichen, aber auch Lesern aller Altersgruppen das Herz unseres liebenden himmlischen Vaters vorzustellen. Ich empfehle gern ihre Jugendbuchserie: Der Kampf um Colorania. Hinweise dazu auf www.anettesorge.de.

Mein Dank gilt auch ihrem Mann Roman, der seine Ehefrau für diese Arbeit freigestellt und dieses Werk von Herzen mit unterstützt hat.

Vorwort

„Herr Andoh, ich kann Ihnen leider nichts versprechen!" Der Arzt schaute mich mit ernster Miene an.

Da stand ich nun, mit der Diagnose einer Krankheit mit unbekanntem Ausgang. Krankenhausaufenthalte und langwierige Therapien lagen vor mir.

Welch ein Segen ist es in einer solchen Situation, dass wir unseren Gott haben, der uns immer wieder Trost und Ermutigung zuspricht.

In diesen Tagen sprach Gott eines nachts zu mir diese Worte: „*Mein Sohn, ich gehe mit dir um gemäß meinem Bündnis.*"

Und ich dachte: „Wow! Das ist gut! Die Ärzte können mir nichts versprechen, aber mein himmlischer Vater kann es durchaus!"

In dieser Zeit begann ich, das Wort Gottes zum Thema „Bündnis" noch einmal tiefer zu studieren und mir wurde immer deutlicher, wie felsenfest wir uns auf Gottes Zusagen verlassen können.

Während der ganzen Zeit, in der ich durch „das Tal des Todesschattens" ging, war es Gottes Wort, an das ich mich gehalten habe, wie ein Verdurstender sich auf das Wasser stürzt. Während der Krankenhausaufenthalte hörte ich fast ununterbrochen Predigten mit meinem Handy. Das Wort Gottes war wirklich mein Trost und die Quelle, aus der ich Leben und Hoffnung schöpfen konnte.

Auch in den Zeiten, in denen ich nicht im Krankenhaus war und meinen Dienst als Pastor weiter ausüben durfte, war Gottes Wort das, was mich durch alles hindurchtrug. „Ich vermag alles durch den, der mich mächtig macht, Christus", und „Der Herr ist meine Stärke!", waren Verse, die ich fast ständig auf den Lippen hatte, und die mir halfen, hinter der Kanzel zu stehen, selbst wenn ich mich so schwach fühlte, dass ich mich kaum auf den Beinen halten konnte.

Und der Herr ist treu. Genau wie er versprochen hat, tat er Wunder und brachte mich aus all dem heraus, wo die Ärzte keinen Rat mehr wussten.

Dieses Buch ist entstanden aus einer Reihe von Predigten, die ich anschließend zu diesem und einigen anderen dazu passenden Themen gehalten habe.

Lieber Leser, liebe Leserin, dieses Buch ist dazu gedacht, es betend zu lesen. Es soll nicht nur Informationen vermitteln, sondern das Ziel ist, dass der Heilige Geist euch kostbare Wahrheiten aus Gottes Wort lebendig macht. Und das geschieht am ehesten, wenn ihr es betend und mit einem offenen Herzen lest. Nehmt euch die Zeit, die dazu gehörigen Bibelabschnitte zu studieren und über dem Wort Gottes zu meditieren. Dieses Buch erhebt auch nicht den Anspruch, alles vollständig und umfassend zu erklären. Viele Themen werden nur kurz angerissen und dienen dazu, euch Anstöße zu geben, selbst die Bibel zu studieren.

So ist mein Gebet für jeden von euch, dass dieses Buch euch segnen und tiefer an das liebende Herz unseres himmlischen Vaters ziehen wird.

Ganz besonders in all der Zeit von Krankheit habe ich erfahren: Alles, was wir tun müssen, ist, in Seiner Treue zu ruhen. Deshalb beschloss ich, diesem Buch den Titel zu geben: Seine Treue anschauen. In welcher Situation du auch immer bist: Verlass dich darauf, der Herr wird immer treu sein und zu seinem Wort stehen.

Du musst wissen, was dir gehört!

Der Notar räuspert sich und studiert eingehend den Stapel Papiere, der vor ihm auf dem Tisch liegt. Dann erhebt er seine Stimme und verkündet: „Ihr Erbe beziffert sich auf sieben Millionen Euro."

Stell dir vor, du sitzt diesem Notar gegenüber und weißt: Das, was er gerade gesagt hat, gilt dir! Wie würdest du dich fühlen?

Und jetzt stell dir vor, kurz, nachdem du das Testament bekommen und erstmalig von deinem Erbe erfahren hast, gelingt es einem gerissenen Betrüger, dir das ganze Geld wegzunehmen. Was würdest du tun?

Eine solche Geschichte sah ich vor Kurzem im Fernsehen. Eine Frau, deren Vater verstorben war, vererbte ihr ungefähr sieben Millionen Euro. Aber irgendwie gelang es einem Typen, sie in einer dämonisch schlauen Weise um dieses Erbe zu betrügen. Stell dir vor, sie war so glücklich, als sie das Testament bekam. Und dann war das ganze Geld plötzlich weg! Unglücklicherweise gibt es überall Menschen, die dem Teufel erlauben, Böses durch sie zu tun.

Doch was tat diese Frau? Sie kämpfte um ihr Recht und gab nicht auf. Es dauerte vier Jahre, aber am Ende bekam sie ihr Geld zurück! Nach vier Jahren des Kampfes hatte sie den Sieg.

Als ich das sah, dachte ich: „Was wäre gewesen, wenn sie aufgegeben hätte?" Sie hätte niemals auch nur einen Cent von ihrem Erbe bekommen! Aber sie gab nicht auf. Dabei war sie keine Frau, die man für besonders intelligent und privilegiert gehalten hätte. Im Gegenteil, niemand hätte ihr zugetraut, es zu schaffen, denn sie hatte einige Einschränkungen in ihrem Leben. Aber sie kannte ihr Recht, sie wusste, was ihr gehörte! Und schließlich hatte sie den Sieg.

Nach der Gerichtsverhandlung sah man sie mit Champagner in der Hand auf einem Stein vor dem Gerichtsgebäude sitzen. Sie strahlte und rief: „Ich hab's geschafft!"

Wir müssen unsere Rechte kennen! Denn auch als Kinder Gottes haben wir ein Erbe, und wir müssen aufpassen, dass nicht der Feind kommt und es uns wegnimmt.

Im Folgenden wollen wir uns anschauen, wie unser Erbe aussieht, das wir als Kinder Gottes haben, und welche Segnungen uns gehören.

In der Bibel lesen wir, dass Gott sich selbst bezeichnet als den Gott von Abraham, Isaak und Jakob. Manchmal gebrauchen auch wir diese Worte im Gebet. Und tun wir das bedeutungsvoll, dann wird das Auswirkungen haben. Dafür gibt es einen Grund: Wenn Gott sich als Gott von Abraham, Isaak und Jakob bezeichnet, bezieht er sich auf den Bund, den er mit ihnen hatte. Er öffnet unsere Augen dafür: „Erinnert euch an den Bund, den ich mit Abraham geschlossen habe."

Wir sagen das oft nur, weil es eine christliche Art des Gebets geworden ist. Aber wenn Gott sagt: „Ich bin der Gott, der den Bund mit Abraham geschlossen hat", dann sollte uns das dazu bewegen, intensiver über diesen Bund nachzudenken. Was für einen Bund hat Gott mit Abraham geschlossen? Oder mit Isaak und Jakob?

Diese Frau, von der ich vorhin sprach, sie kannte den Willen ihres Vaters, sie wusste, was ihr gehörte, sie war sicher, es gehörte niemandem anders! Auf diesem Wissen stand sie. Und sie bekam ihr Recht. Wenn wir wissen, was uns gemäß dem Bund Gottes zusteht, werden auch wir nicht zulassen, dass uns jemand das wegnehmen kann, was uns gehört.

Wie alles anfing

Funkstille.

Stell dir vor, du liebst jemanden, und die Person bricht die Beziehung einfach ab. Keine Besuche, keine Anrufe, keine Chats mehr, kein Brief und keine E-Mail wird beantwortet.

Jahrhundertelang interessierten sich die Menschen, bis auf wenige Ausnahmen, nicht für Gott. Der Sündenfall hatte alles zerstört. Niemand fragte mehr nach dem Schöpfer, niemand wollte etwas von ihm wissen. Aber unser liebender Gott hat die Menschheit niemals aufgegeben.

So streckte er sich nach den Menschen aus und rief Abraham. Damals war Abraham ein Götzenanbeter. Auch er hatte bis zu dem Zeitpunkt keinen Kontakt zu Gott. Trotzdem erwählte Gott ihn. Er entschied sich dazu, seine Kinder zu segnen. So fing er mit Abraham an.

1. Mose 12, 1–3: *Und der Herr sprach zu Abram: Geh aus deinem Land und aus dem Haus deines Vaters in das Land, das ich dir zeigen werde!*

Und ich will dich zu einer großen Nation machen, und ich will dich segnen, und ich will deinen Namen groß machen, und du sollst ein Segen sein!

Und ich will segnen, die dich segnen, und wer dir flucht, den werde ich verfluchen; und in dir sollen gesegnet werden alle Geschlechter der Erde!

Damit fing alles an. Später, in Kapitel 15, schloss er einen Bund mit ihm.

Bündnis – Misstrauensvotum oder Ausdruck des Vertrauens?

Schauen wir uns einmal an, was ein Bund oder Bündnis ist. Ein Bündnis ist ein vertraglich geregelter Zusammenschluss, mit dem beide Partner einverstanden sind. Es gibt Bündnisse zwischen Staaten (z.b. um sich im Kriegsfall gegenseitig zu unterstützen) oder auch zwischen einzelnen Personen. Die Ehe ist zum Beispiel auch ein Bündnis.

Manchmal, wenn Leute, die sich gut kennen oder sogar miteinander befreundet sind, eine schriftliche Übereinkunft treffen, kommt es vor, dass der eine zum anderen sagt: „Ja, aber du bist doch mein Freund! Vertraust du mir nicht? Brauchst du wirklich diese Unterschrift?" Damit vertritt er die Meinung, dass eine schriftliche Übereinkunft nur nötig ist, wenn Misstrauen da ist. Aber das Gegenteil ist der Fall: Gerade, weil man jemandem vertraut, kann man eine Übereinkunft mit ihm treffen!

Wenn Versicherungsvertreter an deine Tür klopfen, und sie geben dir Material und wollen dich drängen, sofort zu unterschreiben, tu es nicht. Du brauchst Zeit, um in Ruhe darüber nachzudenken, bevor du unterschreibst. Denn indem du unterschreibst, teilst du ihnen mit, dass du ihnen vertraust.

Die Ehe – ein Bund des Vertrauens

„Ich liebe dich! Du bist die schönste Frau, die ich jemals getroffen habe! Mit dir will ich mein ganzes Leben verbringen!"

„Wirklich? Du willst mich heiraten?"

„Naja, heiraten müssen wir ja nicht unbedingt! Man kann ja auch so zusammenleben ..."

Ich rate immer den jungen Leuten: Lasst euch nicht auf jemanden ein, der nicht bereit ist, eine ganze Hingabe zu vollziehen. Eine Ehe schließt man, weil man jemandem vertraut. Wenn man nicht bereit ist, in den Bund der Ehe einzutreten, dann ist der Grund dafür, dass man der Person nicht vertraut, das ganze Leben mit ihr zusammen verbringen zu können.

In dem Moment, wo jemand nicht bereit ist, zu unterschreiben, lasse dich nicht auf ihn ein, denn der wahre, vertrauenswürdige Freund ist der, der willens ist, seine Unterschrift zu geben. Er drückt damit aus: „Ich vertraue dir so sehr, dass ich bereit bin, zu unterschreiben."

Lebe niemals mit einem Mann oder einer Frau zusammen, wenn ihr euch nicht selbst dazu hingegeben habt, vor dem Gesetz ein Bündnis einzugehen. Warum solltest du mit einer Person zusammenleben, wenn du dir nicht sicher bist, ob sie dich auch heiraten will? Das ist eine der gefährlichsten Situationen, die du dir antun kannst. Deshalb müssen wir uns in der Ehe einander hingeben.

Die Bibel sagt in 1. Mose 2, 24: *Darum wird ein Mann seinen Vater und seine Mutter verlassen und seiner Frau anhängen, und sie werden zu einem Fleisch werden.*

Als Adam Eva sah, sagte er: „Sie ist Gebein von meinem Gebein, Fleisch von meinem Fleisch." (Vgl. 1. Mose 2, 23). Sie wurden eins. Also wenn jemand nicht bereit ist, dann bedeutet das, er vertraut dir noch nicht. Warte, bis diese Person dir genug vertraut. Und wenn sie dir genug vertraut, wird sie dir vor Gott ihre Unterschrift geben. Weil viele das nicht tun, haben wir so viele zerbrochene Herzen.

Also ich möchte dich ermutigen. Ein Bündnis ist, wenn Menschen sich einander hingeben.

Vorsichtig solltest du auch sein, wenn jemand sich hauptsächlich mit dir verbinden möchte, weil er sich einsam fühlt. Achte darauf, dass die Person, die mit dir eine Beziehung eingehen möchte, erfüllt mit dem Herrn und in seiner Liebe zufrieden ist. Denn wenn jemand versucht, in einem anderen Menschen das zu finden, was nur Gott ihm geben kann, dann ist das eine gefährliche Sache.

Gottes Bund mit Abraham

Auch die Beziehung zwischen dir und Gott hat mit einem Bündnis zu tun. Gott geht mit uns um basierend auf seinem Bund. Es geht nicht um das, was du getan oder nicht getan hast, es geht um den Bund. Und ob du es magst oder nicht, solange Gott sich diesem Bund hingegeben hat, wirst du gesegnet sein! Du wirst fruchtbar sein. Der Bund ist ein Zeichen! Selbst bei zwei Menschen, die verheiratet sind, ist das so: Wenn etwas passiert und sie auseinander gehen wollen, was ich niemandem wünsche, dann müssen sie ihren Besitz teilen. Es kann nicht einfach einer alles nehmen und damit wegrennen.

Also, Gott wollte nach dem Sündenfall mit den Menschen etwas Neues tun, und so schloss er den Bund mit Abraham. Wie sah dieser Bund aus?

Wir können drei Dinge sehen, die Gott in Abrahams Leben vollkommen neu machte: Er gab ihm einen neuen Wohnort, er gab ihm einen neuen Namen, und er schenkte ihm Nachkommen, obwohl Abraham bis dahin kinderlos war. Alles, was das Leben gut und vollkommen macht, schenkte er ihm. Abraham musste sich nicht abmühen, all das zu bekommen, sondern es war Teil des Bundes. Genauso möchte Gott, dass es dir in allem gut geht. Deshalb heißt es in der Bibel, der größte Wunsch Gottes für unser Leben ist, dass es uns gut geht. Er wünscht sich das über allen Dingen! (Vgl. 3. Johannes 2).

Wie wir in 1. Mose 12 gesehen haben, sagte Gott zu Abraham: „Ich werde dich segnen und vermehren. Du wirst die Welt einnehmen. Alles gehört dir, du wirst der Vater vieler Nationen sein."

In Christus bist du Abrahams Nachkomme

Genauso sagt er auch zu dir, der du in Christus ein Nachkomme Abrahams bist: „Derselbe Bund, den ich mit Abraham eingegangen bin, gilt jetzt dir. Alles ist für dich! Über alles, was Gott geschaffen hat, hat er dir Autorität gegeben. Er gab sie bereits Adam (Vgl. 1. Mose 1, 28). Christus kam, um uns diese Autorität, die Adam durch den Sündenfall verloren hat, zurückzugeben. Begrenze dich nicht selbst. Du bist berufen zum Wohlstand!"

Der Bund war ein Bund des Wohlstandes. Wenn wir die Saat Abrahams sind, werden wir auch die gleichen Früchte hervorbringen, Wohlstand und Vermehrung. Der Same muss seine Art hervorbringen! Das gilt auch für dich! Du musst nicht in Gefangenschaft leben! Abraham war so sehr gesegnet! Geld war kein Thema! Vieh war kein Thema, Gesundheit auch nicht! Er hatte die Fülle in allem! Abrahams Leben basierte auf diesem Bund. In allem, was Abraham betraf, schaute Gott auf den Bund und handelte entsprechend.

Wenn wir uns den Segen Abrahams weiter anschauen, stellen wir fest, dass er nicht nur der reichste Mann auf der Erde zu dieser Zeit war, sondern er hatte eine wunderschöne Frau! Abraham selbst wusste, dass seine Frau sehr hübsch war. Als sie dem König begegnen sollten, sagte er: „Ich weiß, dass du sehr hübsch bist, und kein Mann, der dich sieht, wird dich gehen lassen." (Vgl. 1. Mose 12, 11–14).

Ich hoffe, du siehst deine Frau als hübsch an! Und ihr Frauen, seht eure Männer als gutaussehend an! Lass nicht zu, dass ein anderer Mann sagt, deine Frau ist hübsch. Oder dass eine andere Frau sagt, dein Mann ist gutaussehend!

Sarah war schon sehr alt zu dieser Zeit. Und immer noch sah Abraham ihre Schönheit. Ihr Frauen über 40, denkt nicht, ihr seid nicht mehr schön! Sarah war über dieses Alter hinaus, und Abraham sah so viel Schönheit in ihr. Sieh diese Schönheit in dir! Du musst sie selbst sehen! Und wenn du sie siehst, dann wirst du auf sie aufpassen!

Wir sehen also, in der Familie war Abraham gesegnet. Er hatte außerdem eine Menge Vieh. Ihm fehlte es an nichts. Denn Gott hatte ihn gesegnet und zu ihm gesagt: „Ich werde dich segnen und vermehren!" Und dieser Segen, sagt die Bibel, gehört auch uns.

Sei allerdings nicht überrascht, wenn du Widerstand siehst. Denn der Teufel wird alles angreifen. Wir kennen die Geschichte, wie er David entgegentrat. In der Wüste versuchte er, Jesus zu stoppen. Gib dich nicht mit weniger zufrieden, als dir zusteht! Wie? Indem du das Wort Gottes aussprichst: „Ich bin ein Nachkomme Abrahams. Die Segnungen Abrahams gehören mir! Ich regiere mit Christus! Das Leben Gottes ist in mir. Die Gesundheit Gottes ist in mir. Der Reichtum Gottes ist in mir. Mir wird keine Weisheit fehlen." Das sind alles Teile der Segnungen, die Gott Abraham gegeben hat. Je mehr du das sagst, desto mehr jagst du den Teufel fort. Und Gott steht da und sagt: „Schaut euch ihn an, das ist mein Junge! Er weiß, wer er ist. Das ist mein Mädchen, sie weiß, wer sie ist!"

Dein Leben ist in dem Bund mit Gott. Egal, wie deine Umstände gerade aussehen, du kannst Gott vertrauen, dass dieser Bund niemals zerbrochen werden kann!

Die Verheißungen des Bundes

„Papa, versprichst du mir das?" „Versprochen ist versprochen!" Wie oft haben wir diese Worte von unseren Kindern gehört? Versprechen sind kostbar, denn wir alle wissen, dass man ein Versprechen nicht brechen sollte. Wenn das schon bei uns Menschen gilt (die wir leider doch öfter mal ein Versprechen nicht einhalten), wieviel mehr bei unserem himmlischen Vater, der niemals lügt!

Was also hat Gott uns versprochen? Was sind die Verheißungen des neuen Bundes? Wir haben uns eben schon einige der Segnungen des Bundes angeschaut. Im Römerbrief wird noch einmal erklärt, welche Verheißung Gott Abraham gab.

Römer 4, 13: *Denn nicht durch das Gesetz wurde Abraham oder seinem Samen die Verheißung gegeben, dass er der Erbe der Welt sein sollte, sondern durch Glaubensgerechtigkeit.*

Abraham sollte der Erbe der Welt sein. Das bedeutet, die Nationen gehörten ihm! Er sollte der Vater von ihnen allen sein. Die Fülle von Gottes ganzer Schöpfung gehörte ihm. Gott wollte nicht, dass es ihm an irgendetwas fehlte. Das ist kein kleiner Segen!

Weiter heißt es in Römer 4, 13: Diese Verheißung kam nicht durch das Gesetz! Sie war nicht auf Gegenleistung gegründet! Gott machte eine klare Unterscheidung! Dieser Bund mit Abraham bestand durch die Gerechtigkeit des Glaubens! Abraham tat alles aus Glauben.

Wir sind die Erben dieser Verheißung!

Stellen wir uns noch einmal dieselbe Situation vor, wie sie am Anfang des Buches beschrieben wurde: Du sitzt im Büro des Notars, und er verkündet dir, was du geerbt hast. Seine Worte könnten etwa folgendermaßen lauten: „Sie sind der Erbe der Welt. Alles gehört Ihnen. Jeder Segen, den Sie sich ausmalen können, gehört Ihnen, Gesundheit eingeschlossen. Genauso haben Sie auch umfassenden Schutz geerbt. Ach, und bevor ich es vergesse: Erfüllende und glückliche Beziehungen, Wohlstand, beruflicher Erfolg ... ja, selbstverständlich gilt das auch für Ihre Kinder ..."

Dagegen sind die sieben Millionen Euro vom Anfang des Buches nichts, oder?

Doch tatsächlich sieht unser Erbe in Christus so aus! Das bedeutet nicht, dass in unserem Leben immer alles rosig aussieht oder wir nie durch Schwierigkeiten gehen werden, denn wir haben einen Widersacher, der uns alles stehlen will. Aber wenn wir über unser Erbe Bescheid wissen, werden wir nicht aufgeben, so, wie die am Anfang erwähnte Frau nicht aufgegeben hat.

Unsere Gerechtigkeit kommt durch das, was Christus tat, denn er kam in den Bund mit dem Vater, indem er sein Leben gab. Darauf werde ich später noch ausführlicher eingehen. Wir empfangen durch Glauben, weil Jesus den Bund erfüllt hat.

Galater 3, 8–12: *Die Schrift aber, voraussehend, dass Gott die Nationen aus Glauben rechtfertigen werde, verkündigte dem Abraham die gute Botschaft im Voraus: „In dir werden gesegnet alle Nationen."*

Folglich werden die, die aus Glauben sind, mit dem gläubigen Abraham gesegnet. Denn alle, die aus Gesetzeswerken sind, die sind unter dem Fluch, denn es steht geschrieben: „Verflucht ist jeder, der nicht bleibt in allem, was im Buch des Gesetzes geschrieben ist, um es zu tun!"

Dass aber durch das Gesetz niemand vor Gott gerechtfertigt wird, ist offenbar, denn „der Gerechte wird aus Glauben leben."

Das Gesetz aber ist nicht aus Glauben, sondern: „Wer diese Dinge getan hat, wird durch sie leben."

Wir sind durch Glauben gerechtfertigt, nicht durch das, was wir tun. Wir glauben, dass das, was der Herr getan hat, uns gerechtfertigt hat.

Abraham hörte das Evangelium (vgl. Johannes 8, 56) und glaubte an das, was Gott ihm gesagt hatte. Er hatte eine göttliche, übernatürliche Offenbarung über das Lamm Gottes und das vollendete Werk am Kreuz, und deshalb war er voller Freude.

Wenn wir glauben, kommen wir in Anbetung. Denn wann immer wir an das gesprochene Wort glauben, verlieben wir uns in seine Güte und Größe, und er wird verherrlicht. Das setzt die Gegenwart Gottes frei, die Herrlichkeit Gottes kommt zu uns, und dann finden Heilungen statt, Freiheit kommt und wir werden mit Freude erfüllt. Auf den Bund mit Gott vertrauen macht uns sehr stark.

In 1. Mose 12, 1–3 sehen wir den Inhalt und die Details des Bundes: Jeder, der Abraham verfluchte, dessen Fluch sollte auf ihn selbst zurückfallen. Ein Fluch gegen Abraham würde nicht funktionieren! Genauso ist es auch mit uns, die wir die Nachkommen von Abraham sind: Jeder, der uns segnet, wird selbst auch gesegnet werden! Wenn uns jemand verfluchen will, das wird nicht funktionieren!

Im 4. Buch Mose wird uns eine interessante Geschichte berichtet. Ein heidnischer König hatte so große Angst vor dem Volk Israel, dass er einen Mann namens Bileam beauftragte, die Israeliten zu verfluchen. Er bot Bileam viel Geld dafür an. Bileam machte sich also auf den Weg und versuchte, Israel zu verfluchen. Doch alles, was er aussprechen konnte, war Segen! Er schaffte es einfach nicht, einen Fluch auszusprechen, denn das Volk war gesegnet und jeder Fluch wirkungslos. Gott blieb auch hier dem Bund treu, den er mit Abraham geschlossen hatte. Der Feind hatte geplant, das Volk durch Flüche zu vernichten, und die Israeliten wussten das noch nicht mal. Aber Gott beschützte sie gemäß seinem Bund, ohne, dass es ihnen bewusst war. (Vgl. auch 4. Mose 22–23). Wir kennen die Geschichte Israels und wissen, dass sie sich nicht immer richtig verhielten. Ein Kapitel vorher (4. Mose 21) hatten sie noch gegen Gott gemurrt und wurden infolgedessen von giftigen Schlangen angegriffen. Doch selbst in all ihrem Versagen segnete und beschützte Gott sie und gab ihnen Sieg.

Die Kraft von Einfluss

Auch Abraham selbst verhielt sich nicht immer richtig. Eines Tages hatte Sara eine Idee: „Du weißt, ich kann keine Kinder bekommen, also versuchen wir es doch auf andere Weise! Da ist meine Magd Hagar. Wenn du mit ihr ein Kind zeugst, wollen wir einfach so tun, als wäre es von mir ...“

Obwohl Abraham die ganzen Verheißungen hatte, hörte er auf Sara und zeugte mit Hagar Ismael. Er hatte das niemals so geplant, aber er ließ sich von Sara überzeugen.

Sei vorsichtig, von wem du dich beeinflussen lässt! Selbst, wenn es dein eigener Ehepartner ist: Prüfe, ob die Vorschläge und Ideen, die an dich herangetragen werden, wirklich mit dem Wort Gottes übereinstimmen!

Adam war viele Jahre vorher dasselbe passiert! Er hatte nicht geplant, die verbotene Frucht zu essen, aber er hörte auf Eva.

Eine Zeitlang sah es so aus, als würde die Verheißung, die Abraham empfangen hatte, nicht zustande kommen. Das will der Teufel immer, bei jedem Kind Gottes verhindern. Er ist der Widersacher. Wann immer du dein Recht in dem Bund kennst, wird der Teufel das hart bekämpfen! Es ist sehr wichtig, dass wir alles tun, um die Verheißung festzuhalten und im Glauben zu bleiben! Die Bibel sagt uns niemals, dass wir gegen den Teufel kämpfen sollen, oder dass wir um irgendetwas kämpfen sollen. Es gibt nur eins, um das wir kämpfen sollen: In der Wahrheit zu bleiben! *Kämpfe den guten Kampf des Glaubens.* (1.Timoteus 6, 12). Kämpfe darum, weiterhin zu glauben, was du geglaubt hast! Höre dir immer wieder Botschaften an, die deinen Glauben stärken. Halte dich fern von jedem Einfluss, der deinen Glauben schwächt. Bete, dass der Heilige Geist dir hilft, in der Wahrheit zu bleiben. Auch Jesus betete. Und die Engel kamen und dienten ihm. (Vgl. Lukas 22, 43)

Kommen wir zurück zu Abraham. In 1. Mose 21, 9–12 hatten Abraham und Sara einen Konflikt. Wieder einmal hatte Sara eine Idee: „Schick diese Magd und ihren Sohn weg! Er soll nicht zusammen mit meinem Sohn erben!" (Vgl. 1. Mose 21, 10)

Das gefiel Abraham gar nicht. Er wollte Ismael nicht wegschicken. Deshalb musste Gott einschreiten und sagen, dass er diesmal auf seine Frau hören sollte. Einige Jahre vorher hatte Abraham auf Sara gehört und die Affäre mit Hagar angefangen, da hatte Gott nicht gesagt, er solle auf seine Frau hören. Aber jetzt sagte er es zu ihm. Denn dieselbe Person, die damals einen schlechten Rat gegeben hatte, gab jetzt einen göttlichen Rat. Deshalb ist es wichtig, dass du mit Gott darüber sprichst, wenn jemand dir einen Rat gibt. Höre auf ihn, ob dieser Rat gut ist oder nicht.

Dasselbe tat Jesus. Er lobte Petrus und bezeichnete ihn als gesegnet, weil er die Offenbarung hatte, dass Jesus der Sohn Gottes ist, und sagte ihm: *„Du bist Petrus, und auf diesen Felsen will ich meine Gemeinde bauen!"* (Vgl. Matthäus 16, 16–18). Kurze Zeit später wies er denselben Petrus streng zurecht, weil dieser ihm einen Rat gab, den offensichtlich der Teufel in seine Gedanken gegeben hatte (Vgl. Matthäus 16, 22–23). Jesus konnte das unterscheiden. Er sagte nicht einfach: „Der Petrus hat gerade etwas Gutes gesagt, also wird alles andere, was er mir rät, auch gut sein!" Nein, er war wachsam und unterschied, aus welchem Geist heraus Petrus sprach. Du kannst einen Rat bekommen, aber wenn der Rat nicht gut ist, dann lasse dich nicht davon beeinflussen. Höre auf den Heiligen Geist, von wem du dich beeinflussen lässt.

Auch David kannte die Kraft von Einfluss. Er wusste, dass Ahitofel sehr kraftvolle Ratschläge geben konnte. Und er wusste, wie sehr Einfluss auch zerstören kann. Deshalb betete er, dass Gott den Ratschlag von Ahitofel in Dummheit umkehrte. (Vgl. 2. Samuel 15, 31). Denn wenn die Leute tatsächlich dem Rat Ahitofels gefolgt wären, wäre Davids Königreich zusammengebrochen. Einfluss ist so kraftvoll, dass er, wenn er nicht von Gott kommt, eine ganze Nation zerstören kann. Das geschah auch in 1. Könige 12. Rehabeam folgte einem falschen Rat, und aus dieser Situation heraus wurde die ganze Nation Israel gespalten. (Vgl. 1. Könige 12, 3–20).

Wenn du merkst, dass jemand aus deiner Familie unter schlechten Einfluss geraten ist, dann hast du auch die Möglichkeit, wie David, zu Gott zu gehen und zu beten, dass Gott diesen Einfluss zunichte macht. Ob du selbst Zugang zu dieser Person hast oder nicht, ist zweitrangig. Die erste Person, an die du dich immer wenden solltest, ist Gott. Und vertraue, dass Gott sich darum kümmern wird.

Vertraue Gott in allem und gib dich nicht mit weniger zufrieden als er dir versprochen hat!

Eine andere Sache, die wir aus diesem Bibeltext lernen können, ist, wie wir in Weisheit mit unserem Ehepartner umgehen können.

In dieser Situation musste Gott zu Abraham sprechen: „Hör deiner Frau zu!" Aber Frauen sollten das nicht als Lehre nehmen, um zu sagen: „In der Bibel steht, der Mann sollte der Frau zuhören!" Es war Gott, der Abraham gesagt hatte: „Hör diesmal auf deine Frau." Denn das ganze Problem war ja überhaupt erst entstanden, weil er Jahre vorher auf Sara gehört hatte! Kein Wunder, dass er ihr dann nicht mehr zuhören wollte! Aber schau dir die Treue Gottes an! Wenn du die Dinge Gott übergibst, und nicht versuchst, alles aus eigener Kraft zu lösen, dann wird Gott die Dinge ordnen. Also mach daraus keine Lehre! Wenn du möchtest, dass dein Mann auf dich hört, dann sprich mit Gott darüber. Wenn das, was du willst gut ist, dann wird Gott zu deinem Mann sprechen. Das ist biblisch. Aber nerv ihn nicht! Es geschieht nicht durch deine Kraft oder Macht. Vertraue Gott, dass er zu deinem Mann sprechen wird.

Als Ismael herangewachsen war, war Abraham so zufrieden mit der Situation, dass er nicht mal mehr auf einen Sohn von Sara hoffen wollte. Doch Gott sagte zu ihm: „Die Verheißung kommt nicht durch das Kind der Magd, sondern durch Isaak." (Vgl. 1. Mose 17, 19–21)

Wenn wir ein paar Jahre zurückgehen, in 1. Mose 15, 2–3, bevor Ismael geboren wurde, da hatte Abraham sich sogar schon mit der Situation zufriedengegeben, dass Elieser von Damaskus sein Erbe sein würde! Also zuerst wollte er sich damit zufriedengeben, dass sein Knecht ihn beerbt. Dann wollte er sich damit zufriedengeben, dass Ismael, der Sohn seiner Magd ihn beerbt. Aber Gott blieb seinem Bund und seiner Verheißung treu! Gib dich nicht mit weniger zufrieden! Die Versuchung ist groß, sich mit weniger zufrieden zu geben, wenn die Verheißung, die wir von Gott empfangen haben, unseren menschlichen Verstand übersteigt!

Doch es ist wichtig, dass wir im Glauben daran festhalten und uns nicht auf unseren eigenen Verstand verlassen. Es ist so wichtig, in der Wahrheit zu bleiben, statt unsere eigene menschliche Weisheit zu gebrauchen, um die Pläne Gottes zur Erfüllung zu bringen (Vgl. Sprüche 3, 5–6).

In Lukas 18, 7 sagt Jesus: *„Wenn der Sohn Gottes kommt, wird er den Glauben finden auf Erden?"* Das heißt, er hält Ausschau nach Menschen, die ihm wirklich vertrauen und an seinen Verheißungen festhalten.

Gehe in die Ruhe Gottes ein

In Hebräer 4, 9–11 werden wir aufgefordert, in die Ruhe Gottes einzugehen: *„Also bleibt noch eine Sabbatruhe dem Volk Gottes übrig. Denn wer in seine Ruhe eingegangen ist, der ist auch zur Ruhe gelangt von seinen Werken wie Gott von seinen eigenen. Lasst uns nun eifrig sein, in jene Ruhe einzugehen, damit nicht jemand nach demselben Beispiel des Ungehorsams falle!"*

Jemand könnte jetzt fragen: Wie mache ich das, in die Ruhe Gottes einzugehen? Es ist wichtig, mit den richtigen Leuten zu beten, mit den richtigen Leuten zu sprechen und guten, auferbauenden Botschaften zuzuhören. Letzten Endes musst du weise entscheiden, in welche Gemeinde du gehst. Es ist wichtig, dass du Teil einer guten Gemeinde bist. Was ist eine gute Gemeinde? Eine gute Gemeinde ist eine, in der das Evangelium gepredigt wird, nicht das Gesetz.

Johannes 1, 17 sagt: *Denn das Gesetz wurde durch Mose gegeben, die Gnade und die Wahrheit ist durch Jesus Christus geworden.*

Deshalb sollte in einer Gemeinde immer das im Mittelpunkt stehen, was Jesus für uns getan hat, das vollendete Werk am Kreuz.

2.Korinther 3, 6: *Denn der Buchstabe tötet, der Geist aber macht lebendig.*

Du musst den richtigen Botschaften zuhören, denn die Bibel sagt in Römer 10, 17: *Glaube kommt durch das Hören.*

In Psalm 133, 1–2 heißt es: *Siehe, wie gut und wie lieblich ist es, wenn Brüder einträchtig beieinander wohnen. Wie das köstliche Öl auf dem Haupt, das herabfließt auf den Bart, auf den Bart Aarons, der herabfließt auf den Halssaum seiner Kleider.*

Wenn man gemeinsam am Wort Gottes festhält, setzt das das Bewusstsein für die Gegenwart Gottes frei. Von dort kommen all die Segnungen. Darum verpasse es nicht, regelmäßig mit deinen Geschwistern in Einheit zusammen zu sein.

Diese Einheit meint nicht Gleichförmigkeit, sondern dass ihr gemeinsam an der Wahrheit festhaltet. Wenn du am Wort Gottes für Heilung festhältst und du hast viel Gemeinschaft mit Geschwistern, die nicht an Heilung glauben, dann hilft dir das nicht.

Erschaffe in deinem Leben eine gute, geistliche Atmosphäre, die dir hilft, in der Verheißung zu bleiben.

Gott wird niemals darin versagen, sein gesprochenes Wort zu ehren. Er hat es bereits gegeben und er ist treu! Treu ist er, der die Verheißung gegeben hat (Hebräer 10, 23).

Das Zeichen der Beschneidung

Als Gott den Bund mit Abraham schloss, gab er ihm eine Anweisung.

1. Mose 17, 11: *Die Vorhaut eures Gliedes soll weggeschnitten werden. Das wird das Zeichen des Bundes zwischen mir und euch sein.*

Wozu die Beschneidung? Sie ist ein Zeichen, dass Gott seine Kinder aussondert von den anderen Menschen.

Gott wollte sein Volk von allen anderen aussondern. Er hat das jüdische Volk auserwählt.

Wann immer Gott etwas erreichen möchte, nimmt er eine besondere Gruppe, um sein Ziel zu verwirklichen. In dem Fall hat er das jüdische Volk erwählt. Und das war das kleinste Volk im Mittleren Osten. Trotzdem haben die Kämpfe, die überall stattfinden, mit dieser kleinen Nation zu tun. Um kein anderes Land der Erde hat es über die Jahrhunderte so viel Kämpfe gegeben wie um dieses! Denk einmal darüber nach, was der Grund dafür sein könnte! Wenn du die Bibel liest und die Geschichte Israels betrachtest, wirst du diese Wahrheit nicht verleugnen können. An diesem Land, an diesem Volk ist etwas Besonderes!

Aus diesem Grund sagen die Israeliten auch immer: „Nein, wir sind nicht wie die unbeschnittenen Leute." Wenn du das oberflächlich hörst, könntest du denken sie sind arrogant. Aber was sie meinen, ist: Wir sind die ausgesonderten Leute, wir sind auserwählt.

Als David Goliath gesehen hat, da sagte er: „Dieser unbeschnittene Philister!" (1.Samuel 17, 36) Was er damit sagen wollte: „Ich bin der Auserwählte!"

Gott hatte seinen Vater Abraham ausgesondert, und diese Aussonderung kam mit der Beschneidung. Und jeder, der nicht beschnitten war, war kein Teil des Bundes. Also als er vor Goliath stand, erinnerte er sich daran, dass er beschnitten und damit Teil des Bundes war!

So sah David sich selbst. David war klein und Goliath ein Riese, aber David sah, dass Goliath kein Auserwählter war. Er war nicht ausgesondert. David wusste: „Er ist kein Teil des Bündnisses, aber ich bin auserwählt. Ich bin ein Kind des Bündnisses. Mein Vater Abraham war gesegnet, alle seine Nachkommen waren gesegnet. Darum bin ich auch gesegnet!" Er stand auf dieser Offenbarung. Durch diese Offenbarung allein wurde er kühn. Und schau dir an, was die Bibel sagt: Als Goliath kam, um ihn anzugreifen, da rannte er nicht weg, sondern er rannte auf ihn zu!

Lauf nicht weg! Du bist zu weit gekommen, um wegzulaufen! Du bist ein Kind des Bündnisses! Lebe nicht so, als hätte Gott dich vergessen! Deswegen wiederholt er immer: „Ich bin der Gott von Abraham, Isaak und Jakob." Er erinnert dich daran.

So wie im Alten Testament die Israeliten die Beschneidung als Aussonderung empfangen haben, so sind wir im neuen Bund durch Jesus ausgesondert. Unsere Aussonderung geschieht nicht durch äußere Beschneidung, sondern durch das vollendete Werk von Jesus.

1.Petrus 2, 9: *Ihr seid die auserwählte Generation, eine königliche Priesterschaft, lebendige Steine.*

Das Bündnis mit Abrahams Nachkommen

In 1. Mose 26, 24–35 sehen wir dieselbe Sache, als Gott Isaak segnen wollte. Er erinnerte Isaak an den Bund, den er mit seinem Vater geschlossen hatte. Und er sagte ihm: „Geh nicht nach Ägypten. Ich habe dich gesegnet, ich habe einen Bund mit deinem Vater Abraham geschlossen. Und gemäß diesem Bund wirst du gesegnet sein."

Also der Segen von Isaak war nicht von ihm abhängig. Er hing von dem Bund ab, den Gott mit seinem Vater Abraham geschlossen hatte. So arbeitet Gott. Genauso war es bei Jakob. Gott segnete Jakob aufgrund des Bundes mit Abraham.

Wir lesen davon in 1. Mose 28, 11–15. Dort begegnete er Jakob in einem Traum. Und er erinnerte ihn: „Ich bin der Gott von Abraham." (Vgl. 1. Mose 28, 13).

Das war in einer Situation, wo Jakob auf der Flucht war. Dieser Mann hatte wirklich alles versucht, um den Segen zu bekommen, bis dahin, dass er seinen Vater und seinen Bruder angelogen hatte. Mit allen Mitteln war er dem Segen und Besitztümern hinterhergejagt. Aber Römer 9, 16 sagt uns: So liegt es nun nicht an jemandes Wollen oder Laufen, sondern an Gottes Erbarmen. (Schlachter).

Die NLB drückt es so aus: Gottes Zusagen erhalten wir nicht, indem wir sie uns wünschen oder uns darum bemühen, sondern Gott erbarmt sich über den, den er erwählt.

Das bedeutet nicht, dass du dich hinsetzen sollst und wartest: „Oh, vielleicht wird der Herr mir Barmherzigkeit schenken ..."

Es ist wichtig, dass du die Barmherzigkeit Gottes für dein Leben erkennst. Barmherzigkeit bedeutet, dass du, anstatt Strafe für deine Sünden zu empfangen, Gutes von ihm bekommst. Du hast die Barmherzigkeit Gottes empfangen durch das, was Jesus am Kreuz getan hat. Darum kannst du mit Kühnheit vorwärts gehen, weil du weißt, dass er dir Barmherzigkeit geschenkt hat. Deshalb musst du dich nicht anstrengen, irgendetwas Gutes zu erreichen, sondern alles, was du tust, tust du, weil du weißt, du hast bereits Barmherzigkeit empfangen.

Schau dir die Welt heute an. Da gibt es so viel Böses, weil alle dem Reichtum hinterherjagen. Jeder möchte reich und berühmt werden. Jakob tat dasselbe. Er log seinen Vater und Bruder an, weil er das Erstgeburtsrecht bekommen wollte, das ihm Reichtum versprach. Aber als Gott ihm dann in Bethel begegnete, änderte sich alles. Gott erinnerte Jakob an den Bund, den er mit Abraham geschlossen hatte und versprach ihm, dass er auch ihn segnen und beschützen würde. Von diesem Tag an wusste Jakob, dass er nicht mehr so weiterleben musste wie bisher. Er wusste, er war bereits gesegnet, gemäß dem Bund, den Gott mit Abraham und Isaak geschlossen hatte. Jetzt brauchte er keine Tricks mehr! Von nun an war er freigesetzt. Er wusste, dass sein Segen von Gott schon fest beschlossen war, weil Gott treu ist und sein Bündnis hält.

Wir sind seine Kinder. Also wenn Gott sagt: „Ich bin der Gott Abrahams, Isaaks und Jakobs", dann sagt er: „Ich bin der Herr, dein Gott, der den Bund mit dir hält."

Was hat Jakob in seinem Leben nicht gemacht? Er hat seinen Bruder Esau angelogen, um sich sein Erstgeburtsrecht zu stehlen. Er hat seinen Vater angelogen, um den Segen zu bekommen. Und er war mit seinen Lügen und seinem Betrug erfolgreich!

Manchmal denkst du, du bist nicht erfolgreich. Werde nicht eifersüchtig auf andere! Es geht nicht darum, berühmt zu sein, sondern der zu sein, zu dem Gott dich gemacht hat! Du musst nicht werden wie jemand anders und du hast auch nicht die Kraft dazu! Manchmal macht es mich sehr traurig, wenn ich sehe, dass Diener Gottes in einer fleischlichen Weise versuchen, berühmt zu werden! Durch eine solche Haltung setzen sie sich der Gefahr aus, zu lügen und zu manipulieren und alles Mögliche Schlechte zu tun! Ihnen fehlt die Erkenntnis, dass sie in Christus bereits gesegnet und erfolgreich sind, dass ihnen alle Reichtümer in Christus gehören!

Nach all dem, was Jakob getan hatte, konnte er nie genießen, was er hatte. Er rannte mit seiner ganzen Last herum und kam nie zur Ruhe.

Wenn du mit deiner eigenen Kraft kämpfst, wirst du müde. Wenn du deinen eigenen Weg gehst, wirst du nie zufrieden sein! Schau dir manche Stars an: Bei allem, was sie erreicht haben, begehen einige Selbstmord, andere stehen am Ende ihres Lebens mit nichts da.

Eine neue Identität

„Hallo, Herr Dieb!", „Hallo, Herr Lügner!" Obwohl Jakob jetzt wusste, dass er gesegnet war, trug er immer noch den alten Namen – Jakob, was so viel heißt wie: Betrüger, Lügner.

Doch als Gott Jakob dann erneut begegnete, am Jabbok, gab er ihm einen neuen Namen. (Vgl. 1. Mose 32, 23–33) Damals war Jakob müde. Er lief immer noch vor Esau weg. Die Bedeutung seines Namens beschrieb seine frühere Identität. Sein ganzes altes Leben war er ein Lügner und Betrüger gewesen. Obwohl Gott ihm bereits in Bethel begegnet war, trug Jakob noch diese alte Identität mit sich. Jakob – Betrüger, Lügner. Im Hebräischen war die Bedeutung dieses Namens sehr bekannt. Jedes Mal, wenn jemand Jakob begrüßt hatte, war es, als ob er sagen würde: „Hallo, Herr Dieb! Hallo, Herr Lügner!"

Als Jakob dann dem Engel begegnete, sehen wir wieder seinen starken Willen: „Ich lasse dich nicht gehen, du segnest mich denn!"

Aber der Engel fragte ihn nach seinem Namen. Der Herr konfrontierte ihn mit dem, was er glaubte. Denn Jakob lebte immer noch mit diesem Namen. Und das prägte sein Wesen, ohne, dass es ihm bewusst war. Jakob lebte unbewusst mit seiner alten Identität. Genauso verhalten auch wir uns oft noch gemäß unserer alten Identität, obwohl wir in Christus eine neue Schöpfung sind.

Wenn jemand zum Beispiel ein Problem mit Rauchen hat, und er will eigentlich gerne damit aufhören, dann sieht er sich selbst in dieser alten Identität: „Ich bin schon so lange ein Raucher, und ich glaube nicht, dass ich es schaffen kann, aufzuhören zu rauchen!" Und genau das ist das Problem: Er sieht sich selbst als Raucher an! So sah auch Jakob sich selbst noch in seiner alten Identität als Betrüger, ohne, dass es ihm bewusst war.

Deshalb änderte Gott Jakobs Namen: Von nun an sollte er Israel heißen! Er sollte sich nicht mehr als Jakob, den Betrüger, ansehen.

Wir müssen uns in unserer neuen Identität, als neue Schöpfung sehen! Deshalb sagt die Bibel in Römer 6, 11: *Also auch ihr, haltet euch der Sünde für tot, Gott aber lebend in Christus Jesus.*

Wenn die Versuchungen des Teufels kommen, sage: „Nicht ich! Ich bin ein Überwinder!" Geh in den Tag mit deiner neuen Identität! Wie siehst du dich morgens, wenn du aufstehst? Sieh dich nicht nach dem Fleisch! Du bist eine neue Schöpfung, ein königlicher Priester! Auch Gott kennt dich nicht mehr nach dem Fleisch (2. Korinther 5, 16).

Wir akzeptieren zu oft, was uns der Teufel als Botschaft anbietet. Klage dich nicht an! Gott möchte, dass wir wissen, wer wir sind! Jesus kam, um uns das Ebenbild des Vaters zu offenbaren. Er kam, damit wir Herrschaft ausüben auf der Erde, so wie er es im Himmel tut. Wir müssen das himmlische Königreich überall verbreiten! Darum beten wir auch: Dein Reich komme, wie im Himmel, so auf Erden! (Matthäus 6, 10).

Wo du auch bist, übernimm Herrschaft!

Erst als Jakob mit dem Engel kämpfte und den neuen Namen bekam, wurde er frei von der Betrüger-Identität!

Was denkst du über dich, wer du bist? Wenn du dich selbst anschaust, was kommt in deine Gedanken? Siehst du dich selbst als heiligen Priester? Als die Gerechtigkeit Gottes in Christus Jesus? Oder siehst du dich selbst als Versager oder als hoffnungslosen Fall?

Heute sagt Gott dir: Gib nicht auf und sieh dich nicht als jemand, der die Situation nicht überwinden kann! Bleib dabei, deine falsche Identität abzulegen und nimm deine neue Identität in Christus an! Übernimm Herrschaft über alles, was gegen dich steht!

Nun war Jakob verändert. Jetzt lief er Esau entgegen und nicht mehr vor ihm weg! Esau hatte damals gesagt, dass er Jakob töten wollte. Und Jakob hatte so viel Angst vor ihm, dass er weglief, jahrelang. Doch jetzt wusste er, dass er nicht mehr wegrennen musste. Er lief Esau entgegen und verbeugte sich sieben Mal.

Wir lesen davon in 1. Mose 33, 1–3. Jakob handelte nun genau entgegengesetzt dem, wer er früher war. Denn er kannte seine neue Identität. Der Name Israel bedeutet: „Gott streitet für uns." Das ist genau das Gegenteil von Jakobs früherem Leben: Wo er sich früher abmühte und alles aus eigener Kraft erreichen wollte, hatte er jetzt die Zuversicht: „Gott ist die Quelle, er streitet für mich, er versorgt mich und hilft mir." Er glaubte dem Wort Gottes, dass er nicht mehr Jakob war, sondern dass seine neue Identität Israel war! Und dieser Glaube befähigte ihn, anders zu handeln als vorher.

Wenn du das richtige glaubst, wirst du dazu befähigt, richtig zu handeln. Joseph Prince schreibt in seinem Buch: *Die Kraft des richtigen Glaubens: Der richtige Glaube und das richtige Denken führen immer zu den richtigen Resultaten in deinem Leben.* (Prince, Joseph: Die Kraft des richtigen Glaubens, Schotten 2013, S. 206).

Vorher sah Jakob sich als schutzlos an, doch nun wusste er, dass er keine Angst mehr haben musste, weil Gott sein Schutz war. Deshalb konnte er aus Glauben heraus handeln und Esau entgegen gehen.

Wenn du weißt, dass du ein Kind Gottes bist, habe keine Angst! Keiner Waffe, die gegen dich gerichtet ist, wird es gelingen! (Vgl. Jesaja 54, 17)

1. Mose 33, 4: *Esau aber lief ihm entgegen, umarmte ihn und fiel ihm um den Hals und küsste ihn; und sie weinten.*

Jakob und Esau waren Zwillinge. Trotzdem verlief ihr Leben total getrennt voneinander! Doch nun kamen sie wieder zusammen und versöhnten sich! Wir können hier sehen, dass die Wahrheit wirklich frei macht! Ihr werdet die Wahrheit erkennen, und die Wahrheit wird euch frei machen, sagte Jesus (Johannes 8, 32). Nach all den Jahren der Trennung waren beide plötzlich frei, sich zu versöhnen, frei, die Familienbeziehungen wiederherzustellen und letztendlich frei, das Leben zu genießen.

Wenn wir weiterlesen, in den Versen 5–11, sehen wir, dass Jakob sehr viele Geschenke für Esau hatte. Esau wollte sie nicht annehmen, denn er hatte selbst genug Reichtum erworben in der Zwischenzeit. Doch Jakob drängte ihn, und schließlich nahm Esau sie an.

Wenn wir erkennen, wieviel wir im Herrn haben, dann werden wir zufrieden. Wir sind nicht mehr damit beschäftigt, zu versuchen, etwas zu bekommen, sondern wir werden großzügig und geben gerne. All das, was Jakob an Reichtum angehäuft hat, jetzt war er bereit, es wegzugeben! Denn er kannte nun seine Identität!

Bis du nicht entdeckt hast, wer du bist, wirst du nicht zufrieden sein.

Bio-Produkte oder Chemie-Keule?

Hast du schon einmal einen Kirschbaum gesehen, der Leuten hinterherrannte und rief: „Kommt her, schaut euch meine schönen Kirschen an! Wer möchte welche?" Sicher nicht! Selbst wenn ein Baum herumlaufen und rufen könnte, wäre es völlig unnötig, das zu tun! Wenn Menschen ihn sehen, vollbeladen mit den herrlichsten Kirschen, werden sie von allein kommen und pflücken. Kein Baum muss Leuten hinterherrennen, um seine Früchte loszuwerden. Die Leute sehen die Früchte und wollen sie genießen.

Wenn jemand einen Obstbaum sieht, mit welchen Früchten auch immer, dann schaut er nicht auf den Baum, sondern auf die Frucht. Die Frucht ist das, was ihn interessiert. Aber die Frucht ist nur da wegen des Baumes. Ohne den Baum würde es die Frucht nicht geben.

Doch um gute Früchte hervorzubringen muss der Baum ein guter Baum sein. Er muss gesunde Wurzeln haben und gute Äste, Zweige und Blätter.

Es gibt auch Früchte, die nicht schmecken. Wenn man diese Früchte probiert, ist man enttäuscht. Bringt ein Baum Früchte hervor, obwohl die Zeit dafür noch nicht reif ist, dann schmecken sie meistens bitter und sind ungesund. Ebenso schmecken die Früchte nicht gut, wenn ein Baum gezwungen wird, Früchte zu produzieren, z.B. durch den Einsatz von Chemikalien. Kennen wir nicht alle die Enttäuschung, wenn Früchte einfach geschmacklos sind und man denkt: „Früher haben die irgendwie besser geschmeckt ...?" Deshalb kaufen viele lieber Bio-Produkte.

Jakobs früheres Leben war so ähnlich wie ein Baum, der durch den Einsatz von Chemikalien gezwungen war, Früchte zu produzieren. Er mühte sich selbst ab, all die Früchte zu produzieren, z.B. Reichtümer anzuhäufen, aber er konnte es selbst nicht genießen. Bis er zu dem Punkt kam, wo er entdeckte, wer er war.

Wenn du entdeckst, wer du bist in dem Herrn, dann entdeckst du auch dein Potential, deine Begabungen. Du wirst von ganz allein Frucht hervorbringen, und die Leute werden deinen Früchten hinterherrennen. Und das werden keine Früchte sein, die chemie-verseucht und geschmacklos sind. Du wirst aktiv, niemand muss dich mehr zwingen, etwas zu tun, weil es dir selbst Freude macht.

Wenn die Früchte süß sind, dann ist der Baum die Quelle. Wir pflücken die Früchte und denken nicht über den Baum nach. Aber der Baum ist wichtig.

Jesus sprach über das Fruchtbringen. Er sagte, wir können nur Frucht bringen, wenn wir in ihm bleiben. (Vgl. Johannes 15, 4–5) Also wenn du in ihm bleibst, wird er die Quelle für dich sein und du wirst Frucht bringen.

Was bedeutet es, in ihm zu bleiben?

Zuerst einmal bedeutet, in ihm zu bleiben, auf den Herrn zu warten. Jesaja 40, 31 sagt: Die, die auf den Herrn warten, erneuern ihre Kraft. Warten auf den Herrn bedeutet, dass du seinem Wort zuhörst, ihm glaubst und danach handelst. Du musst nicht auf Gefühle oder Erfahrungen warten. Meistens warten wir auf äußere Manifestationen, bevor wir handeln. Aber wir sind aus dem Geist geboren, und deshalb ist dein wahres Du der Geist. Alles, was du von Gott erbittest, bittest du von dieser Basis aus. In deinem Geist weißt du, was du vom Herrn erbeten hast, ist schon geschehen, du glaubst es! Wie es in Markus 11, 24 heißt: Alles, um was irgend ihr betet und bittet, glaubt, dass ihr es empfanget, und es wird euch werden.

Im Geist brauchst du keine Gefühle! Wenn Gott sagt: „Ich liebe dich", dann lebst du in diesem Bewusstsein. Du musst es nicht fühlen, sondern du empfängst es im Geist.

Joseph Prince erzählt in seinem Buch: „Unverdiente Gunst" die Geschichte von einem Bräutigam, der am Tag der Hochzeit nach der Trauzeremonie zum Pastor geht und sagt: „Wissen Sie was? Ich fühle mich gar nicht verheiratet!" Und der Pastor packt ihn am Kragen und knurrt ihn an: „Hör zu, Junge! Du BIST verheiratet, ob du dich so fühlst oder nicht! Nimm einfach im Glauben an, dass du verheiratet bist!" (Vgl. Prince, Joseph: Unverdiente Gunst, Schotten 2013, S. 26).

Du bist nicht aus Gefühlen geboren, sondern aus dem Geist. Wenn er sagt: „Ich werde dich nicht verlassen noch von dir weichen", dann bleibe in diesem Bewusstsein. Je mehr du dich so siehst, darüber sprichst, darüber nachdenkst, desto mehr bleibst du in ihm.

Das ist das, was wir auch in Jakobs Leben sehen können. Sobald er den neuen Namen empfangen hatte, ging er seinem Bruder entgegen. Er wartete nicht auf einen Brief von Esau oder auf irgendeine Bestätigung, sondern er handelte. Wenn du ein Wort Gottes in deinem Geist empfangen hast, dann musst du nicht auf eine Bestätigung warten. Geh vorwärts und handle gemäß dem Wort Gottes!

Wenn du in seiner Liebe bleibst, wirst du bleibende Freude haben. Er sagt: „Bleibt in mir, damit ihr Frucht bringt."

Manche Leute sagen: „Oh, wir müssen in ihm bleiben!", und sie setzen sich selbst und andere damit unter Druck. Aber damit ist nicht irgendeine Anstrengung gemeint. Wenn ein Kind Angst hat, und der Vater sagt: „Mach dir keine Sorgen, ich habe alles unter Kontrolle!", dann entspannt es sich. Und das ist das Bleiben! Das Kind ruht in dem, d.h. bleibt in dem, was der Vater gesagt hat.

In Johannes 15, 1 sagt Jesus: *Ich bin der wahre Weinstock, und mein Vater ist der Weingärtner.*

Beachte das Wort „wahre". Jesus zweifelte niemals an, wer er ist. Er war sich immer sicher, dass er Gottes Sohn ist. Viele Christen zweifeln, ob sie wirklich Gottes Kinder sind. Doch Jesus wusste es hundertprozentig. Und er nahm sein Leben als Beispiel, um uns etwas zu zeigen und uns auch diese Sicherheit zu geben.

Überall, wo er hinging, folgten ihm die Volksmengen, vor allem die Sünder. Sie sahen die Frucht der Liebe, der Barmherzigkeit und der Heilung in ihm. Wie brachte Jesus all diese Früchte hervor? Er sagte: „Ich bin der wahre Weinstock", und dann fügte er direkt hinzu: Und mein Vater ist der Weingärtner!" Jesus mit all seiner Macht brauchte den Weingärtner, um die Frucht hervorzubringen. Er stand nicht unter Druck. Da war jemand, der sich um ihn kümmerte, der Weingärtner.

Jesus sprach immer über den Vater. Ich und der Vater sind eins, (Johannes 10, 30), erklärte er. Mit anderen Worten sagt er: „Wenn du meine Schönheit, meine Freude siehst, dann kommt das vom Vater. Er ist der Weingärtner. Er zeigt mir wie man lebt, er pflegt mich, er kümmert sich um alles, was mich betrifft." Das bedeutet: Alles, was aus Jesus herauskam, war das Werk des Vaters: Die Wunder, der Frieden die Freude, alles kam vom Vater.

Ich liebe Pflanzen. Vor vielen Jahren, als ich noch in Afrika lebte und jung im Glauben war, nutzte ich jede Gelegenheit, andere zu bitten, ob ich Ableger von ihren Pflanzen haben könne, um sie bei mir zuhause einzupflanzen. Und ich pflanzte sie ein und pflegte sie. Einige von ihnen sind heute noch da, und immer, wenn ich nach Hause reise, möchte ich sie sehen. Aber worauf ich hinaus will, ist: Ich habe mich um diese Pflanzen gekümmert. Die Pflanzen haben nichts für sich selbst getan. Sie haben nur zugelassen, dass ich sie pflege. Und Jesus sagte: „Ich bin der Weinstock, aber derjenige, der sich um mich kümmert, der mich pflegt, ist mein Vater!" Deshalb machte er sich keine Sorgen um das Morgen. Er wusste, der Vater würde sich um das Morgen kümmern. Jesus sagte: „Denk nicht an das Morgen! Wie viele von euch, die sich um das Morgen sorgen, können ihrer Lebenslänge auch nur eine Elle zufügen?" (Vgl. Matthäus 6, 25). Wenn du anfängst, über das Morgen nachzudenken, wird das beängstigend. Deshalb sagt Gott, wir sollen nicht darüber nachdenken. Er will dich von Furcht befreien. Denn der Vater kümmert sich um dich!

Erlaube dem Vater, dem Weingärtner, sich um dich zu kümmern, für dich zu sorgen. Wann immer Sorge in deinen Weg kommt, ist das Beste, in die Gegenwart Gottes zu kommen und alle Sorgen auf ihn zu werfen. Es ist eine gute Gelegenheit, Gott all deine Gedanken zu geben. Gott kennt dein Herz.

Ein Weinstock kümmert sich nicht um sich selbst. Es gibt jemanden, der sich darum kümmert, der früh morgens bewässert, der beschneidet. Die Pflanze macht gar nichts. Sie empfängt nur.

Es ist die Freude Gottes, dich zu pflegen, sich um dich zu kümmern. Sei immer abhängig von Gott. Sage: „Gott, es ist deine Verantwortung. Du bist der Weingärtner." Trag nicht die Last. Du brauchst das nicht. Lass ihn sie tragen.

Jesus sagte auch: „Kommt her zu mir, alle, ihr Mühseligen und Beladenen, und ich werde euch Ruhe geben (Matthäus 11, 28).

Willst du Ruhe haben? Komme jeden Tag zu ihm. Und er wird dir Ruhe geben.

Johannes 15, 2: *Jede Rebe an mir, die keine Frucht bringt, die nimmt er weg; und jede, die Frucht bringt, die reinigt er, auf dass sie mehr Frucht bringe.*

Ob du Frucht bringst oder nicht, Gott wird an dir arbeiten. Wenn du fruchtbar bist, wird er dich reinigen, damit du mehr Frucht bringst. Du kannst jedoch in ihm sein, aber keine Frucht bringen. In diesem Fall wird Gott dich nicht wegschmeißen. Das Wort, das hier im griechischen Urtext steht, bedeutet eigentlich nicht wegnehmen, sondern hochheben.

Ich habe selbst einen Weinstock in meinem Garten, und wenn eine Rebe auf dem Boden liegt, dann hebe ich sie hoch und binde sie fest.

So ging Jesus mit jedem um, dem er begegnete. Jesus hatte Mitleid mit den Volksmengen, mit den Sündern, die ganz unten waren. Er nahm sie und hob sie auf.

In Matthäus 12, 20 sagt er über sich selbst: *Ein geknicktes Rohr wird er nicht zerbrechen, und einen glimmenden Docht wird er nicht auslöschen, bis er das Gericht hinausführe zum Sieg.*

David Cloud schreibt in einem Artikel über diesen Bibelvers: *Was für eine wundervolle Beschreibung von Christi zärtlichem Mitgefühl! Er ist der gute Hirte, der Sünder durch seine Versöhnung erlöst und für sie fortwährend sorgt als ihr Hohepriester. Er verwirft seine Leute nicht, wenn sie schwach sind und von Versuchung überwältigt werden. Sie sind dazu bestimmt, in sein Ebenbild verwandelt zu werden. Es wird geschehen! Er hat garantiert, dass es geschehen wird! Und es ist ein ewiger Prozess, der in diesem gegenwärtigen Leben beginnt.*

Der Gläubige wird mit einem zerbrochenen Rohr verglichen. Was könnte schwächer sein? Selbst in seinem besten Zustand ist der Gläubige mehr wie ein bloßes Schilfrohr als ein starker und majestätischer Baum. Aber wie oft sind wir geknickte Rohre? Schilfrohre können leicht vom Wind umgebogen und von den Elementen verletzt werden. Schilf ist stark von Trockenheit betroffen. Genauso kann der Gläubige leicht verletzt werden durch die Welt, das Fleisch und den Teufel, zerknickt werden durch die

Stürme der Bosheit, der Schwierigkeiten und der Verfolgung. *Wir werden verletzt durch Versagen, in Gottes Wort zu bleiben, verletzt durch Untreue und Sünde und Abfall. Trotzdem schmeißt Christus seine verletzten Schilfrohre nicht weg, sondern tut, was auch immer nötig ist, um sie zurückzubringen in Gesundheit.*

Er sorgt für sie, pflegt sie, weist sie zurecht und erzieht sie. David war ein geknicktes Schilfrohr nach seiner Sünde mit Bathseba, aber Jahwe Gott brachte ihn zur Umkehr und vergab ihm. In späteren Jahren schrieb David großartige Psalmen und empfing die Pläne für den Tempelbau durch den Geist Gottes. Das geknickte Rohr wurde geheilt.

Genauso wird der Gläubige mit einem glimmenden Docht verglichen. Das ist ein Bild von einer Öllampe mit einem Flachsdocht, der nicht ordentlich aufgerichtet ist oder zu wenig Öl hat. Statt hell zu brennen, raucht er. Statt die Dunkelheit mit Licht zu erhellen, wie es vorgesehen ist, schwelt er und produziert Irritationen. Christus schmeißt seine rauchenden Lampen nicht weg. Die, die aufrichtig glauben, selbst wenn sie schwach sind wie ein rauchender Docht, sind angenommen und in seine zärtliche Fürsorge aufgenommen. Er erneuert das Öl und richtet vorsichtig die Dochte auf und entfacht die schwelenden Fasern zu einem hellen Licht. Petrus war ein rauchender Docht, nachdem er Christus verleugnet hatte, aber Christus stellte ihn wieder her, und hinterher brannte Petrus' Lampe heller als jemals zuvor.

Aus: Cloud, David: The Bruised Reed and the Smoking Flax (Das geknickte Rohr und der glimmende Docht), Way of Life Literature, Port Huron 2015.

Das ist auch die Aufgabe des Leibes Christi. Wenn Menschen unten sind, dann ermutigen wir sie, stärken sie, heben sie auf und verbinden sie mit anderen. Und wir ermutigen auch die Leute, die Frucht bringen. Wir sind nicht eifersüchtig auf sie. Wir reinigen, geben Richtungsweisung und lieben sie. Gott geht mit uns so um. Das alles ist das Werk des Vaters.

Jedes Mal, wenn wir das Wort Gottes lesen, reinigt es uns von den Lügen des Teufels. Bleib dabei, und alle unreinen Gedanken werden mühelos gehen.

Johannes 15, 3: *Ihr seid schon rein um des Wortes willen.*

Was es bedeutet, Täter des Wortes zu sein

Jakobus 1, 22–24: *Seid aber Täter des Wortes und nicht allein Hörer, die sich selbst betrügen. Denn wenn jemand ein Hörer des Wortes ist und nicht ein Täter, der ist einem Mann gleich, der sein Gesicht in einem Spiegel betrachtet. Denn er hat sich selbst betrachtet und ist weggegangen und hat sogleich vergessen, wie er beschaffen war.*

Wozu ist ein Spiegel da? Er ist dazu da, dass du hineinschauen und wissen kannst, wer du bist. Das Wort Gottes ist wie ein Spiegel. Wenn du hineinschaust, zeigt es dir, wer du bist: geliebt, kostbar, Gottes Kind! Aber wir machen es oft so: Nachdem wir im Wort Gottes gelesen haben, gehen wir weg und sagen: „Niemand liebt mich, ich bin ein Versager!" Was sind wir dann? Wir sind wie dieser Mann in Vers 24, vergessliche Hörer des Wortes, keine Täter!

Über die Jahre haben wir dieses Wort in einer gesetzlichen Weise falsch ausgelegt und haben gesagt: „Du musst ein Täter des Wortes sein! Du musst deine Frau lieben! Du musst deinen Mann ehren! Du musst dies und das tun!" Aber das ist nicht das, was hiermit gemeint ist!

Schauen wir uns einmal den nächsten Vers an, Vers 25. Da heißt es: *Wer aber in das vollkommene Gesetz der Freiheit hineingeschaut hat und darin bleibt, indem er nicht ein vergesslicher Hörer, sondern ein Täter des Wortes ist, der wird in seinem Tun glückselig sein.*

Hier heißt es: Gesetz der Freiheit! Freiheit kommt nur, wenn dir jemand etwas gibt, nicht, wenn jemand etwas von dir verlangt. Es geht darum, dass du im Wort Gottes erkennen sollst, was Gott dir alles gegeben hat, und dass du darin lebst. Das bedeutet hier, Täter des Wortes zu sein. Wenn du seine Segnungen nimmst und sie genießt in deinem täglichen Leben, dann wirst du voller Freude sein.

2.Korinther 3, 18: *Wir alle aber schauen mit aufgedecktem Antlitz die Herrlichkeit des Herrn wie in einem Spiegel und werden so verwandelt in die Gestalt, die er schon hat, von Herrlichkeit zu Herrlichkeit, wie der Herr des Geistes es wirkt.* (Zürcher Bibel 2007)

Es ist die gute Nachricht, die uns verändert. Wenn du aus dem heraus handelst, was du im Wort Gottes gehört hast und glaubst, nämlich, dass du geliebt und angenommen bist, dann wirst du verändert. Lasst uns in der Barmherzigkeit gehen, die wir empfangen haben, in der Gunst, in der Gnade. Dann werden wir immer den Reichtum seiner Herrlichkeit sehen.

Stellt euch vor, wir alle im Leib Christi würden in diesem Gesetz der Freiheit leben! Wir würden so viel Frieden miteinander haben! Eifersucht würde aufhören, Liebe würde regieren! Gott hat niemals den Plan gehabt, dass man sich im Leib Christi gegenseitig bekämpft!

Wenn Christen sich gegenseitig bekämpfen, dann haben sie noch nicht entdeckt, wer sie sind. Sie wissen nicht, dass sie gesegnet sind und dass auch ihre Geschwister Kinder des Bündnisses sind. Wenn wir wissen, dass wir zusammengehören, dann wird die Liebe unter uns größer sein. Verlieren wir das Bewusstsein über unsere Identität in Christus, wird es viele Probleme in der Gemeinde geben, was nicht sein sollte!

So war es auch bei den Kindern von Jakob: Sie wussten nicht, wer sie sind, und so wurden sie eifersüchtig auf Josef.

„Schaut mal, da kommt der Träumer!", riefen sie. „Papas Liebling!"

Sie dachten, er hätte etwas, was sie nicht hatten, und so verkauften sie ihren eigenen Bruder! Sie machten denselben Fehler wie Jakob! Hätten sie gewusst, wer sie sind und dass sie gesegnet sind, hätten sie ihn nicht verkauft.

Aber sie verkauften ihren Bruder nach Ägypten. Später, durch die Barmherzigkeit Gottes, wurde die Familie wieder vereint, und Jakob selbst und seine Familie siedelten sich in Ägypten bei Josef an.

Dadurch kam es allerdings zu 400 Jahren Gefangenschaft in Ägypten, denn dort entwickelten sie sich zu einem großen Volk, so dass der Pharao schließlich eine Bedrohung in ihnen sah und sie versklavte.

Dann rief Gott Mose und sprach zu ihm: „Geh zu ihnen. Ich habe das Seufzen meiner Kinder gehört!"

Mache dich in allem von Ihm abhängig!

Warum befreite Gott sein Volk erst nach 400 Jahren? Weil sie die Verbindung zu ihm vollkommen verloren hatten. Sie beteten Götzen an und hatten keine Beziehung zu Gott mehr.

Wir können nur dann wirklich beten, wenn wir wissen, wer Gott ist. Er will, dass wir uns ganz abhängig von ihm machen und uns in allen Lebensbereichen auf ihn verlassen! Da geht es um Beziehung!

400 Jahre Stille! Sie kannten Gott nicht. Ihr Leiden ging weiter, nur, weil sie nicht wussten, dass sie einen Gott des Bundes hatten! Sie seufzten und weinten auch vorher schon, aber erst nach 400 Jahren kamen sie an den Punkt, wo sie ihr Weinen direkt an Gott richteten. Gott hatte all die Jahre darauf gewartet. Er selbst hatte sich niemals von ihnen zurückgezogen, aber ihre Entscheidungen und ihr Lebensstil hatte sie von Gott weggebracht. Sie kannten nur noch die ägyptischen Götter und beteten sie an. Denn viele von ihnen wurden in dieser Kultur geboren, und das war alles, was sie kannten. Sie waren nicht mit dem Gott von Abraham, Isaak und Jakob vertraut, sie wussten nicht, dass sie Kinder des Bündnisses waren! Es war also nicht so, dass Gott darauf wartete, dass sie noch mehr weinten oder noch mehr litten, aber dass sie ihr Weinen an ihn richteten!

In 2. Mose 3, 9 heißt es: *Und nun siehe, das Geschrei der Söhne Israel ist vor mich gekommen.*

Sie hatten sich nun in ihrem Leid an Gott gewandt.

Was bedeutet Umkehr?

So wie die Israeliten, obwohl sie das Volk des Bündnisses waren, eine lange Zeit nur die ägyptischen Götter kannten und nicht wussten, wer sie sind, so kannst auch du Christ sein und nicht wissen, wer du wirklich bist in Christus. Dann geht es dir vielleicht sogar schlechter als den Ungläubigen!

Es reicht nicht aus zu weinen, sondern unsere Tränen müssen mit einer Offenbarung zusammen gehen, wer wir sind und wer Gott ist. Sonst tut es uns einfach nur leid, aber das führt nicht zu einer wirklichen Veränderung unseres Herzens. Judas zum Beispiel tat es auch leid, dass er Jesus verraten hatte, und er weinte. Aber er erkannte niemals, dass Jesus für ihn sterben würde. Deshalb kam es nie zu einer wahren Umkehr. Bei Petrus dagegen war es anders, seine Tränen führten ihn zu wahrer Umkehr und er wurde ein großartiger Apostel.

Also wenn du dich als Kind Gottes abmühst mit Dingen, die dir leidtun, und du hast das Gefühl, du bittest immer wieder um Vergebung für dieselbe Sache, dann richte deinen Blick weg von dem, was du falsch gemacht hast und hin zu dem, was Jesus für dich getan hat. Diese Offenbarung ist es, die dir heraushelfen kann. Bitte den Heiligen Geist, dir die Augen zu öffnen für das, was Jesus für dich getan hat. Der Heilige Geist ist dazu da, dir zu helfen und dich in die Wahrheit zu leiten. Er wird dir helfen, zu entdecken, was du in Jesus hast, seine Barmherzigkeit, seine Liebe, seine Güte. Das wird dich aus deiner falschen Haltung herausbringen und dich wieder auf den richtigen Weg bringen, ohne, dass du dich abmühst.

In Römer 2, 4 heißt es: *Weißt du nicht, dass die Güte Gottes dich zur Umkehr leitet?*

Du wirst zur Umkehr bewegt, indem du auf seine Güte, Gnade und Barmherzigkeit schaust.

„Der Gott eurer Väter"

Wie wir uns bereits angeschaut haben: Mose bekam den Auftrag, das Volk
Israel aus Ägypten zu führen. Und er fragte Gott: „Wenn ich gehe, was soll
ich sagen? Wie sollen sie mir glauben?" Er hatte Angst, dass sie sagen
würden: „Du bist ein Mörder, wie sollen wir dir vertrauen?" Denn Jahre
zuvor hatte er Ägypten verlassen, weil er einen Ägypter getötet hatte, um
ihnen zu helfen. Doch sie hatten ihn missverstanden und konnten ihm
nicht mehr vertrauen. Nun, nach 40 Jahren, wollte er zurückkommen und
musste sie glaubhaft überzeugen können, ihm nun zu vertrauen.

Und Gott sagte zu Mose: „So sollst du den Kindern Israel sagen: Der Gott
eurer Väter, der Gott Abrahams, der Gott Isaaks und der Gott Jakobs, hat
mich zu euch gesandt." (Vgl. 2. Mose 3, 6–15).

Also er sagte: „Der Gott eurer Väter." Und um es noch klarer zu machen,
fuhr er fort: „Der Gott von Abraham." Er erinnerte Mose daran, dass Gott
einen Bund mit Abraham hatte. Zu diesem Bund lenkte er seine Gedanken: „Es hängt nicht von dir ab, sondern ich hatte einen Bund mit Abraham." Und dann ging es weiter: Er sagte: „Der Gott von Isaak." Er erinnerte sie, dass er auch der Gott von Isaak war. Und das war nicht alles:
„Der Gott von Jakob." Mit anderen Worten, Gott erklärte Mose: „Ich habe
einen Bund mit Abraham geschlossen und ich habe ihn erfüllt an seinem
Sohn Isaak, und ich habe diesen Bund erfüllt an seinem Sohn Jakob."
Und schließlich sagte er: „Und das ist mein Name zur Erinnerung für alle
Generationen."

Erinnere dich!

Eine Erinnerung ist kraftvoll! Denn wenn du dich erinnerst an das, was Christus für dich getan hat, dann erinnerst du dich daran, wer du bist und wer Gott für dein Leben ist. Der Teufel kann dich übervorteilen, wenn du vergisst, was Christus für dich getan hat. Wenn du das nicht mehr im Gedächtnis hast, öffnest du dich für Zweifel, Unglauben, Sorgen und Angst. Deshalb sagt die Bibel: Mein Volk kommt um aus Mangel an Erkenntnis. (Vgl. Hosea 4,6) Aus diesem Grund ist es so wichtig, dass der Heilige Geist dir immer wieder ins Gedächtnis ruft, was Christus für dich getan hat und wer du bist in ihm. Eine der Hauptaufgaben des Heiligen Geistes ist, uns in alle Wahrheit zu leiten. (Vgl. Johannes 16, 13). Und wiederum ist das nicht deine eigene Anstrengung! Du musst dich nicht abmühen, dich zu erinnern! Das geschieht durch Meditation. Der Heilige Geist nimmt das, was bereits in dir ist und bringt es dir ins Gedächtnis. Er hilft dir, nicht auf dich selbst zu schauen, sondern auf das vollbrachte Werk von Jesus.

Halte fest an der Verheißung!

„Liefert den Leuten kein Stroh mehr für die Herstellung der Ziegel. Sie sollen es ab jetzt selbst sammeln. Trotzdem sollen sie aber genauso viele Ziegel herstellen wie bisher und nicht einen weniger. Sie sind faul, sonst würden sie nicht schreien: Wir wollen unserem Gott in der Wüste opfern! Ladet ihnen noch mehr Arbeit auf, damit sie etwas zu tun haben und nicht mehr solchen Lügen Gehör schenken." (2. Mose 5, 7–9 NLB)

Gott hatte Mose also beauftragt, zum Pharao zu gehen und ihn aufzufordern, das Volk ziehen zu lassen. Doch was geschah? Der Pharao verhärtete sein Herz und unterdrückte die Israeliten noch stärker als je zuvor. Nun mussten sie schwerer arbeiten als vorher, die ganze Situation war für sie viel schlimmer geworden! Deshalb spricht Gott in 2. Mose 6, 2–7 erneut zu Mose mit der Verheißung auf Befreiung. Denn trotz der noch härteren Bedrückung veränderte Gott seine Verheißung, das Volk zu befreien, niemals!

Auch wenn es so aussieht, als ob deine Situation noch schlimmer ist als vorher: Nichts kann Gott davon abhalten, seine Pläne in deinem Leben auszuführen und seine Verheißungen an dir zu erfüllen!

In 2. Mose 6, 3 spricht Gott zu Mose: „Ich bin Abraham erschienen und Isaak und Jakob."

Mose kannte Gott basierend auf dem Bund. Er wusste, dass Gott allmächtig ist. Wie kennst du Gott? Er ist ein Gott der Liebe, der Treue und des Bündnisses.

Manchmal vermitteln Prediger uns den Eindruck, dass Gott ein Gott des Gerichts und der Strafe ist. Das ist nicht der Gott, den ich kenne! Er ist der Gott, der sagt: „Ihr seid für immer gesegnet."

Du bist gesegnet! Die Tatsache, dass Dinge gerade nicht so laufen, wie du es dir wünschen würdest, heißt nicht, dass du nicht gesegnet bist! Vertraue Gott. Er ist ein Gott des Bündnisses!

Nachdem der Pharao sein Herz verhärtet hatte, kamen neun Plagen über die Ägypter. Trotzdem ließ er das Volk nicht ziehen.

Es ist wichtig, dass wir äußeren Umständen nicht erlauben, unsere Hoffnung und unseren Glauben an die Verheißungen Gottes zu zerstören. Wir können nur seinem Werk in uns glauben, nichts mehr! Treu ist er, der die Verheißung gegeben hat, er wird es tun! (Vgl. Hebräer 10, 23 und 1. Thessalonicher 5, 24).

Das Blut des Lammes

Schließlich sprach Gott wieder zu Mose und gab ihm konkrete Anweisungen.

In 2. Mose 12, 1–13 wies er sie an, ein Lamm zu schlachten und das Blut an die Türpfosten zu streichen.

Und in Vers 13 heißt es: *Aber das Blut soll für euch zum Zeichen an den Häusern werden, in denen ihr seid. Und wenn ich das Blut sehe, dann werde ich an euch vorübergehen: So wird keine Plage, die Verderben bringt, unter euch sein, wenn ich das Land Ägypten schlage.*

Wir können hier sehen, wie Gott seine Kinder durch die Anwendung des Blutes verteidigt, denn es heißt in der Schrift: Das Leben ist in dem Blut (Vgl. 3. Mose 17, 13–14) Das heißt, so lange sie das Blut anwendeten, hatten sie Leben! Die Ägypter hatten das nicht. Das Blut sprach nicht für sie, also waren sie dem Tod ausgesetzt!

Er sagte: „Wenn ich das Blut sehe, werde ich an euch vorübergehen." Er sagte nicht: „Wenn ich eure guten Werke sehe, wenn ich sehe, wie großartig ihr seid!" Nein, er sagte: „Wenn ich das Blut sehe!"

Gott schaut auf sein Blut, auf das, was sein Blut getan hat, und er rettet sein Volk. Das hat nichts mit dir zu tun. Er sieht das Blut!

Manchmal sagst du: „Ich bestreiche das Mikrofon mit dem Blut Jesu", oder: „Ich bestreiche meine Schuhe mit dem Blut Jesu." Das hört sich nett an. Aber es ist nicht deine Aufgabe, auf das Blut zu sehen. Es ist auch nicht der Teufel, der auf das Blut sieht. Sondern Gott sieht auf das Blut.

Später gab Gott ihnen die Anweisungen, jedes Jahr Opfer zu bringen zur Versöhnung. Denken wir einmal darüber nach, wer dann auf das Blut gesehen hat. Waren es die Menschen? War es der Teufel? Nein, es war Gott, der auf das Blut geschaut hat. Manchmal denken wir, wir machen dem Teufel Angst, wenn wir sowas sagen. Nein! Theologisch gesehen ist das falsch! Es ist Gott, der auf das Blut schaut! Wenn er das Blut sieht, erinnert er sich an die auserwählten Leute. Er sagt: „Ich höre euer Schreien! Ihr seid Kinder des Bundes! Und ich erinnere mich an diesen Bund, wenn ich das Blut sehe." Das gibt uns Sicherheit! Mir ist egal, wer Böses gegen mich sagt oder plant. Das Blut spricht für mich! Ich bin sicher! Ich habe diese sture Mentalität, dass das Blut für mich spricht! Deshalb lebe ich im Frieden. Ich bin entspannt!

Es ist gut, Prophetien zu bekommen und für sich beten zu lassen. Aber wenn du nicht weißt, dass das Blut für dich spricht, dann wird für dich gebetet und in der nächsten Sekunde hast du wieder Angst. Aber wenn du weißt: Gott schaut auf das Blut, und er erinnert sich an dich, dann hast du Frieden! Es geht also nicht darum, alles Mögliche „mit dem Blut zu bestreichen", sondern darum, dass du dir dessen bewusst wirst, dass das Blut für dich spricht. Das Blut spricht immer für dich, aber die Frage ist: Bist du dir dessen bewusst? Deshalb hat Gott die Israeliten das Blut selbst an die Türpfosten streichen lassen, damit sie es persönlich anwenden und das Bewusstsein über die Kraft des Blutes in ihnen aufgebaut wird.

Das war die Befreiung für sie. Sonst mussten sie nichts tun, nicht mal fasten. Sie waren nur in ihren Häusern und aßen Fleisch. Sie hatten eine Party, und Gott trat für sie ein. Denn er schaute auf das Blut: „Das sind meine Leute!"

„Wenn ich das Blut sehe und ich mich an meinen Bund erinnere." Lebe nicht, indem du sagst: „Vielleicht, ich hoffe ..." Sondern lebe mit dem Verständnis: „Ich bin ein Kind des Bundes, und deshalb wird alles in Ordnung sein."

Der bessere Bund

Hebräer 8, 6: Jetzt aber hat er einen vortrefflicheren Dienst erlangt, wie er auch Mittler eines besseren Bundes ist, der aufgrund besserer Verheißungen gestiftet worden ist.

Wir haben einen besseren Bund, basierend auf besseren und größeren Verheißungen. Wir warten nicht mehr auf irgendeine Verheißung, sondern sie wurde in uns schon erfüllt. Wo er lebt, sind auch wir. Wo er steht, stehen auch wir. Christus ist in uns, die Hoffnung der Herrlichkeit. Die Bibel sagt, wir regieren mit ihm. In der Tat kannst du als Kind Gottes, wenn du betest, einfach befehlen. Du sagst: „Teufel, komm raus!" Und er geht! Denn du sprichst schon in dem Namen Jesu, der in dir ist! Wir müssen nicht mehr nach Gott schreien, dass er etwas tut. Die Verheißung ist in uns, und wir sprechen sie aus. Wo immer du hingehst und du sprichst, werden Dinge geschehen. Denn du sprichst basierend auf dem Bund. Und dieser Bund hat Jesus viel gekostet.

Philipper 2, 7–8: Aber er machte sich selbst zu nichts und nahm Knechtsgestalt an, indem er den Menschen gleich geworden ist, und der Gestalt nach wie ein Mensch befunden, erniedrigte er sich selbst und wurde gehorsam bis zum Tod, ja bis zum Tod am Kreuz.

Jesus wurde gehorsam, er bezahlte den Preis. Er wurde erniedrigt. Normalerweise ist es in einem Bund so, dass beide Partner ihren Teil erfüllen müssen. Von Abraham erforderte der Bundesschluss zum Beispiel, Tiere zu schlachten.

Aber Jesus nahm alles auf sich selbst. Er wurde Mensch. Anstatt dass du etwas zu diesem Bund beitragen musst, trug Jesus alles selbst. Er nahm dich auf sich selbst, trug dich und ging durch diesen ganzen Schmerz.

Jesaja 53, 2 sagt, da war keine Schönheit mehr in ihm. Die Schläge, die Jesus auf sich nehmen musste, könntest du sie jemals ertragen? Er trug diesen Schmerz, denn er wusste, wir können den Bund selbst nicht einhalten. Und schau dir an, was er durchmachen musste. Sein ganzer Körper wurde zerstört.

Vers 9: *Darum hat Gott ihn auch hoch erhoben und ihm den Namen gegeben, der über jeden Namen ist.*

Nachdem er alles vollendet hatte und der Bund gefestigt wurde, hat Gott seinen Namen über alles andere erhöht. Vorher nannte er sich: „Der Gott Abrahams, Isaaks und Jakobs", aber jetzt wurde ein neuer Name offenbart.

Das wurde auch auf dem Berg der Verklärung deutlich, als den Jüngern Mose und Elia erschienen – Mose als der Gesetzgeber und Elia als der Wiederhersteller des Gesetzes. Aber eine Stimme kam vom Himmel, die über Jesus sagte: „Das ist mein geliebter Sohn, auf den sollt ihr hören." Nicht auf Mose, nicht auf Elia, sondern auf Jesus. Das war der neue Name, der offenbart wurde, der Name, auf den sie hören sollten (Vgl. Lukas 9, 28–36).

Diesen Namen hat Abraham schon gesehen und war darüber voller Freude (Vgl. Johannes 8, 56). Auch Simeon hatte eine Offenbarung darüber, dass Jesus der Retter sein würde, als er ihn nach seiner Geburt im Arm hielt (Vgl. Lukas 2, 25–29). Er sagte: Nun Herr, entlässt du deinen Diener in Frieden, denn meine Augen haben dein Heil gesehen (Lukas 2, 30).

Jesus hat sein Werk vollendet am Kreuz. Jetzt bestand der Bund nicht mehr durch Abraham, sondern durch Jesus. Er wurde gehorsam, und durch seinen Gehorsam sind wir heute in diesen Bund mit Gott eingetreten. Wir haben diesen Bund, weil Jesus Mensch wurde, weil Jesus gehorsam war, nicht, weil wir gehorsam waren.

In dem Video: „Was am Kreuz geschah – Golgatha Animationsvideo" teilt Joseph Prince uns eine kostbare Offenbarung mit: Als das Feuer Elias Opfer verzehrte, war es so stark, dass es nicht nur das Opfer, sondern auch die zwölf Steine verzehrte. Das zeigt, dass unter dem Gesetz das Gericht größer war als das Opfer. Doch als Jesus am Kreuz starb, nahm er all die

Verdammnis, alle Flüche und Krankheiten, alle Ablehnung und alles Böse der ganzen Welt auf sich und rief am Ende mit lauter Stimme: „Es ist vollbracht!". Dann gab er seinen Geist auf und starb, und stand hinterher wieder auf vom Tod. Hier wurde also das Opfer nicht verzehrt, wie bei Elia, sondern das Opfer war hinterher noch da! Das bedeutet: Hier, im neuen Bund, unter der Gnade, ist das Opfer größer als das Gericht.

Kommen wir noch einmal zurück zu dem Vers 8 aus Philipper 2: *... wurde gehorsam bis zum Tod, ja bis zum Tod am Kreuz.*

Auf diesen Gehorsam bezieht sich die Bibel, wenn es in 2. Korinther 10, 5 heißt, dass wir alle Gedankengebäude zum Gehorsam Christi führen sollen.

Manche Leute verkünden die Botschaft: „Wenn du gehorsam wirst, kannst du alle Dämonen besiegen." Doch das ist hier nicht gemeint. Die Bibel sagt: Jesus wurde gehorsam bis zum Tod am Kreuz. Und hier bringen wir jeden Gedanken gefangen zum Gehorsam Christi. Es ist durch den Gehorsam Christi, dass die Dämonen sich vor dir beugen. Durch den Gehorsam Christi kann der Teufel dich nicht angreifen! Denn der Vater schaut auf das vollendete Werk von Jesus. Und wir glauben einfach daran, ohne Anstrengung, und sprechen aus, was wir glauben. Wenn wir auf den Gehorsam Christi schauen, müssen wir uns nicht abmühen, gehorsam zu sein, sondern es wird uns leichtfallen, ihm zu gehorchen. Er gibt uns den Frieden und die Freude, denn wir sehen, wie sehr wir geliebt und angenommen sind. Das löst so viel Freude in uns aus, dass wir nicht mal darüber nachdenken müssen, wie wir ihm gehorsam sein können.

Vom Gesetz zur Gnade

„Hier, mein Sohn, sind die Autoschlüssel! Nimm sie und fahr zu deinem Freund!"

„Danke, Papa!" Der vierjährige Junge nimmt die Schlüssel und steigt in das Auto ein.

Können wir uns eine solche Szene vorstellen? Natürlich nicht! Es gibt für alles eine Zeit. Kinder brauchen nicht die Autos der Eltern und sie können auch nicht damit umgehen. Was sie vielmehr brauchen, ist, dass sie versorgt und behütet werden. Und darüber hinaus brauchen sie klare Regeln und Anweisungen.

Gott befreite sein Volk also aus der Sklaverei der Ägypter und segnete sie, trotzdem sie viele Fehler machten und falsche Haltungen an den Tag legten. Dann gab er ihnen das Gesetz.

Die Israeliten hatten vorher in Gefangenschaft gelebt und nur die ägyptischen Götter gekannt. Deshalb brauchten sie klare Anweisungen von Gott, wie sie leben konnten. Genau wie kleine Kinder klare Regeln brauchen.

Sie waren Gottes Volk und Kinder des Bündnisses und Erben von Abraham, aber sie waren unmündig. In Galater 4, 1 heißt es: *Solange der Erbe unmündig ist, besteht zwischen ihm und einem Knecht kein Unterschied, obwohl er Herr aller Güter ist.*

Genauso wie ein kleines Kind nicht einfach an das Konto der Eltern gehen darf und das Geld ausgeben kann, obwohl es später sowieso alles erbt, oder, wie in oben genanntem Beispiel, das Auto der Eltern fahren kann, konnten auch die Israeliten noch nicht in der Freiheit der Segnungen leben, die für sie vorgesehen waren. So gab Gott ihnen also zuerst das Gesetz, denn sie brauchten es.

Wenn Kinder volljährig geworden sind, ist es anders. Dann können die Eltern nicht mehr sagen: „Wenn du nicht den Abwasch machst, bekommst du kein Taschengeld!" Ein volljähriger Sohn oder eine volljährige Tochter können einfach gehen und sich das Geld von ihrem Konto holen, und die Eltern dürfen nichts dagegen sagen, auch wenn sie es selbst waren, die das Geld auf das Konto eingezahlt haben. Übrigens zahlen Eltern das Geld nicht ein, weil das Kind etwas Bestimmtes getan oder nicht getan hat, sondern weil es das Recht des Kindes ist, Versorgung von den Eltern zu empfangen.

Versorgung, Heilung, gute Gesundheit, Wohlergehen sind deine Rechte als Kind Gottes! Auch wenn die Kinder erwachsen geworden sind, sind sie immer noch die Kinder ihrer Eltern.

Galater 4, 4–5: *Als aber die Zeit erfüllt war, sandte Gott seinen Sohn, von einer Frau geboren und unter das Gesetz getan, damit er die, welche unter dem Gesetz waren, loskaufte, auf dass wir das Sohnesrecht empfingen.*

Johannes 1, 17: *Denn das Gesetz wurde durch Mose gegeben; die Gnade und die Wahrheit ist durch Jesus Christus geworden.*

Wenn sie volljährig sind, müssen die Kinder nicht mehr unter Regeln und Gesetzen leben. Eltern bringen ihren kleinen Kindern zum Beispiel bei: „Wenn du über die Straße gehst, schau erst nach links, dann nach rechts und dann noch mal nach links!" Das ist normal, kleine Kinder brauchen das so. Doch wenn du erwachsen bist und du gehst mit jemandem, der dir ständig sagt: „Geh nicht über die Straße, ohne nach links und rechts zu schauen!", oder jemand erinnert dich täglich: „Vergiss nicht, dir nach dem Essen die Zähne zu putzen!", wie würdest du dich fühlen? Mit einer solchen Person würdest du nicht gerne zusammen sein!

Jetzt, wo Gnade und Wahrheit zu dir gekommen sind, jetzt, wo du reif bist, und du weißt, was dir gehört und wie du leben kannst, möchtest du da noch, dass jemand dir sagt, was du zu tun hast? Nein! Niemand will das! Wir sind vollkommen gemacht in Christus und wir leben in dieser Identität.

Sklavenmentalität oder Herzensbeziehung?

Kommen wir noch einmal zurück zu den Israeliten. Gott gab ihnen also das Gesetz. Trotzdem war es immer noch sein größter Wunsch, dass sie eine Herzensbeziehung zu ihm aufbauen würden, wie Kinder zu einem liebenden Vater. Er wollte, dass sie wie Kinder von ihm abhängig waren. Doch wie reagierten sie?

2. Mose 19, 3–8a: *Mose aber stieg hinauf zu Gott. Und der Herr rief ihm vom Berg aus zu: So sollst du zum Haus Jakob sagen und den Söhnen Israel mitteilen: Ihr habt gesehen, was ich den Ägyptern angetan und wie ich euch auf Adlersflügeln getragen habe.*

Und nun, wenn ihr willig auf meine Stimme hören und meinen Bund halten werdet, dann sollt ihr aus allen Völkern mein Eigentum sein; denn mir gehört die ganze Erde.

Und ihr sollt mir ein Königreich von Priestern und eine heilige Nation sein. Das sind die Worte, die du zu den Söhnen Israel reden sollst.

Darauf ging Mose hin, rief die Ältesten des Volkes zusammen und legte ihnen all diese Worte vor, die ihm der Herr geboten hatte.

Da antwortete das ganze Volk gemeinsam und sagte: Alles, was der Herr geredet hat, wollen wir tun.

Der Herr sprach zu Mose in einer so liebevollen Art und zählte auf, wie er die Israeliten befreit und für sie gesorgt hatte, und er gab ihnen so viele Verheißungen, dass sie sein Eigentum, sein auserwähltes Volk sein sollten (in der Amplified Bible heißt es sogar: sein Schatz), ein Volk von Königen und Priestern. Was für eine liebevolle Art, mit dem Volk umzugehen! Wie viel Liebe und was für wunderbare Verheißungen stecken in diesen Worten! Doch wie reagierten die Israeliten? Das einzige, was sie antworteten, war: „Alles, was der Herr geboten hat, wollen wir tun!" Ihr Fokus lag nur auf den Geboten. Mit keiner Silbe gingen sie auf die wunderbaren Verheißungen ein, die der Herr ihnen gegeben hatte oder drückten Dank aus für das, was er bereits für sie getan hatte, sondern das einzige, was für sie zählte, war der Aspekt des Gehorsams den Geboten gegenüber.

Diese Haltung resultierte daraus, dass sie ihr ganzes bisheriges Leben lang Sklaven waren. Sie waren es nicht gewohnt, etwas geschenkt zu bekommen. Alles hatten sie sich hart erarbeiten müssen. Befehlen zu gehorchen war das, womit sie vertraut waren. Wie hätten sie sich da einen Gott vorstellen können, der mit ihnen wie ein liebender Vater umgeht? Deshalb war für sie klar, dass ein Gott ihnen Gebote und Regeln geben würde und sie ihm zu gehorchen hatten wie sie damals als Sklaven den Ägyptern gehorcht hatten. So waren sie nicht in der Lage, eine Herzensbeziehung zu Gott aufzubauen, wie Gott sich das gewünscht hätte.

Deshalb gab Gott ihnen das Gesetz, weil es das war, was sie brauchten. Doch das Gesetz war nicht dazu da, sie gerecht zu machen. Es sollte sie in Abhängigkeit von Gott bringen und ihnen zeigen, dass sie ohne seine Hilfe die Gebote nicht halten konnten. Die folgenden Verse zeigen noch einmal ganz klar, dass das Gesetz nicht gegeben wurde, um Menschen gerecht zu machen, sondern lediglich eine erziehende Funktion hatte:

Galater 3, 24–25: Also ist das Gesetz unser Erzieher auf Christus hin geworden, damit wir aus Glauben gerechtfertigt würden.

Nachdem aber der Glaube gekommen ist, sind wir nicht mehr unter einem Erzieher, denn ihr alle seid Söhne Gottes durch den Glauben in Christus Jesus.

Wir werden allein durch Glauben gerechtfertigt, nicht durch das Gesetz. Das Gesetz zeigt die hohen Maßstäbe Gottes, die für uns aus eigener Kraft unerreichbar sind. Es sollte damals schon auf Christus hinweisen und den Menschen zeigen, dass niemand aus sich selbst die Forderungen des Gesetzes einhalten und dadurch gerecht werden kann.

Doch die Israeliten hatten eine ganz andere Haltung. Sie behaupteten selbstbewusst, sie würden alles einhalten, was Gott von ihnen forderte. Jedoch versagten sie bereits kurz, nachdem sie die Gebote überhaupt bekommen hatten und missachteten das erste Gebot. „Bau uns einen Gott!", forderten sie von Aaron, als Mose eine Zeitlang nicht vom Berg zurückkam. Sie bauten ein goldenes Kalb und erklärten es zu ihrem Gott.

Bis zu dem Zeitpunkt hatte Gott sie gesegnet, unabhängig von ihren Taten und ihrem Versagen. Doch nachdem sie so selbstsicher behauptet hatten, sie würden alle Gebote einhalten, ging Gott anders mit ihnen um. Er legte ihnen Segnungen und Flüche vor. Gutes Verhalten brachte ihnen Segnungen ein, schlechtes Verhalten brachte sie unter einen Fluch. (Vgl. 5. Mose 28).

Aber schon damals war es Gottes Plan, Christus in die Welt zu schicken und einen neuen, besseren Bund durch ihn aufzurichten. Niemals war es sein Wunsch gewesen, dass die Menschen sich abmühen sollten mit Regeln und Geboten. Sein größter Wunsch war, dass sie frei leben sollten, in einer gesunden Beziehung zu ihm, durch Gnade. Jeder sollte wissen, dass er sich nicht durch irgendetwas qualifizieren muss, um etwas von ihm zu empfangen. Gott möchte, dass alle Menschen einfach seine Liebe und Güte und Gnade genießen.

Das finden wir in Jeremia 31, 31–34: *Siehe, Tage kommen, spricht der Herr, da schließe ich mit dem Haus Israel und mit dem Haus Juda einen neuen Bund: nicht wie der Bund, den ich mit ihren Vätern geschlossen habe an dem Tag, als ich sie bei der Hand fasste, um sie aus dem Land Ägypten herauszuführen – diesen Bund haben sie gebrochen, obwohl ich doch ihr Herr war, spricht der Herr.*

Sondern das ist der Bund, den ich mit dem Haus Israel nach diesen Tagen schließen werde, spricht der Herr: Ich werde mein Gesetz in ihr Inneres legen und werde es auf ihr Herz schreiben. Und ich werde ihr Gott sein, und sie werden mein Volk sein.

Dann wird nicht mehr einer seinen Nächsten oder einer seinen Bruder lehren und sagen: Erkennt den Herrn! Denn sie alle werden mich erkennen von ihrem kleinsten bis zum Größten, spricht der Herr. Denn ich werde ihre Schuld vergeben und an ihre Sünde nicht mehr denken (Vgl. auch Hesekiel 11, 19–20 und Hesekiel 36, 26–27).

In Hebräer 10, 15–17 wird das wiederholt: *Das bezeugt uns aber auch der Heilige Geist; denn nachdem er gesagt hat: „Dies ist der Bund, den ich für sie errichten werde nach jenen Tagen, spricht der Herr, ich werde meine Gesetze in ihre Herzen geben und sie auch in ihren Sinn schreiben"* und: *„Ihrer Sünden und Gesetzlosigkeiten werde ich nicht mehr gedenken."*

So hat Gott Vorsorge getroffen, sein Wort in das Herz der Menschen zu schreiben.

Deshalb kam Jesus, um einen neuen Bund zwischen dem Vater und ihm durch sein Blut zu schließen, weil er wusste, dass wir niemals das Gesetz halten können. Dieser Bund besteht nicht zwischen Gott und uns, sondern zwischen Gott dem Vater und Gott dem Sohn! Wenn der Vater das Blut von Jesus sieht, durch das dieser Bund gekennzeichnet ist, dann erinnert er sich an Jesus und segnet uns.

Psalm 9, 13 sagt uns: *Denn der dem vergossenen Blut nachforscht, hat ihrer gedacht; er hat das Schreien der Elenden nicht vergessen.*

Wenn Gott, der Vater schon im Alten Testament auf das vergossene Blut unschuldiger Menschen geachtet hat, wieviel mehr dann auf das Blut seines eingeborenen Sohnes! Er segnet uns wegen dem, was Jesus tat, nicht wegen dem, was wir tun oder nicht tun.

Heilung, ein Bestandteil des Bundes

Das Gesicht auf den staubigen Boden gerichtet, schleppte sie sich in die Synagoge. Seit achtzehn Jahren konnte sie von anderen Menschen hauptsächlich die Füße sehen. Denn sie war nicht fähig, sich aufzurichten. Ihr Rücken war schmerzhaft zusammengekrümmt, kaum jemals konnte sie Erleichterung von ihren Schmerzen erwarten. Sie hatte schon fast aufgegeben, vom Leben noch Gutes zu erwarten. Aufgegeben, jemals wieder in den Himmel blicken zu dürfen oder einem geliebten Menschen in die Augen zu schauen. Doch an diesem Tag geschah etwas. Eine Stimme rief ihr zu: „Frau, du bist geheilt von deiner Krankheit!" Dann spürte sie, wie sich eine Hand auf ihren Rücken legte, und plötzlich geschah das Wunder: Die Schmerzen verschwanden, und sie konnte sich vollkommen aufrichten! Zum ersten Mal seit achtzehn Jahren konnte sie von Auge zu Auge in die Gesichter der Menschen um sich herum sehen!

Die Geschichte dieser Frau wird uns in Lukas 13, 10–17 berichtet. Besonders interessant in diesem Zusammenhang, ist, was Jesus in Vers 16 sagt: *Diese aber, die eine Tochter Abrahams ist, die der Satan gebunden hat, siehe, achtzehn Jahre lang, sollte sie nicht von ihrer Fessel gelöst werden am Tag des Sabbats?*

Jesus heilte diese Frau, weil sie eine Tochter Abrahams war, ein Kind des Bündnisses! Mit anderen Worten sagte er: „Das darf absolut nicht sein, dass eine Tochter Abrahams achtzehn Jahre lang an diese Krankheit gefesselt ist! Dagegen muss ich etwas tun!"

In 3. Johannes 2 zeigt Gott uns, was sein Herzenswunsch für uns ist: *Geliebter, ich wünsche dir, dass es dir in allem wohlgeht und du gesund bist, wie es deiner Seele wohlgeht.*

Gott wünscht sich über allen Dingen, dass seine Kinder gesund sind und dass es ihnen gut geht!

Er konnte nicht sehen, wie seine eigene Tochter, die zu dem Bund Abrahams gehörte, achtzehn Jahre lang an diese Krankheit gebunden war!

Woher haben wir nur diese Idee, dass Gott uns vielleicht nicht heilen möchte, oder dass er uns mit Krankheit bestrafen möchte! Es ist absolut nicht Gottes Wille, dass du in Krankheit und Schmerz bist! Nimm deinen Stand ein und lehne das ab!

Wenn Krankheit länger bleibt, hinterfrage dich nicht selbst und denke nicht, dass du nicht genug Glauben hast, sondern die Heilung hat sich einfach noch nicht manifestiert. Bleib einfach weiter auf dem Wort stehen. Solange du ein Kind des vollendeten Werkes Jesu bist, und du hast diese Offenbarung, dass es sein Wille ist, dass du gesund bist, kannst du darauf stehen, auch wenn du nichts siehst oder fühlst.

Bleib dabei, das auszusprechen, was du glaubst. Sag es zu dir selbst, jeden Tag, und deine Angelegenheiten werden sich von selbst ordnen, mühelos.

Denn das ist die Frage, die Jesus den Leuten stellte: „Warum sollte ...?" Das heißt, es gibt keinen Grund dafür, dass diese Frau so leiden sollte! Aber sie hatte bis dahin diese Offenbarung nicht, und viele von uns haben nicht diese Offenbarung.

Doch Heilung ist Bestandteil des Bündnisses! Das zeigt uns auch der folgende Bibeltext.

Matthäus 15, 25–26: *Sie aber kam und warf sich vor ihm nieder und sprach: Herr, hilf mir!*

Er antwortete und sprach: Es ist nicht schön, das Brot der Kinder zu nehmen und den Hunden hinzuwerfen.

Es geht hier um eine kanaanitische Frau, d.h. eine Frau, die nicht zum Volk Israel gehörte und somit kein Kind des Bündnisses war. Jesus sagt hier, dass Heilung die Speise für die Kinder ist. Damit erklärt er, dass Heilung zu dem Bund dazugehört! Selbst diese Frau, die nicht zu dem Bund gehörte, profitierte davon. Wieviel mehr wir, die wir zu dem Bund gehören!

Erben der Verheißung durch Glauben

Galater 3, 29: *Wenn ihr aber des Christus seid, so seid ihr damit Abrahams Nachkommenschaft und nach der Verheißung Erben.*

Bist du in Christus? Dann bist du ein Nachkomme Abrahams und Erbe nach der Verheißung. Das bedeutet, dass alles, was Abraham gehört, auch dir gehört! Du bist Teil der Verheißung! Alle Verheißungen, die Gott Abraham gegeben hat, gelten auch dir. Geh mit diesem Wissen!

Jetzt stell dir noch einmal den Notar vor, der dir gegenüber sitzt und dir gerade von deinem Erbe erzählt hat. Stell dir vor, du unterzeichnest jetzt, dass du das Erbe annimmst. Dein geistliches Erbe nimmst jedoch du nicht durch eine Unterschrift an, sondern durch Glauben.

Kommen wir noch einmal zurück zu Römer 4, 13: *Denn nicht durch das Gesetz wurde Abraham oder seiner Nachkommenschaft die Verheißung zuteil, dass er der Welt Erbe sein sollte, sondern durch Glaubensgerechtigkeit.*

Wenn du an Abraham denkst, dann denkst du vielleicht, der Segen des Bundes gilt nur für die Juden. Aber schau, was dieser Vers sagt: Diese Verheißung wurde nicht durch das Gesetz gegeben, Sie ist nicht für die, die dem Gesetz Mose gehorchen, sondern für die, die durch den Glauben gerecht geworden sind! Wie wurdest du gerecht? Du hast geglaubt, dass Jesus dein sündiges Leben nahm und dir dafür sein gerechtes Leben gab! Das ist alles! Du glaubst das einfach! Und so sagt die Bibel: Diese Verheißung ist für dich. Du kannst dich darauf verlassen, dass er treu ist. Nicht du musst dich anstrengen und versuchen, ihm irgendetwas zu beweisen. Er ist ein Gott, der dich hält! Stell dir vor, ein kleiner Junge und seine Mutter überqueren die Straße, und der Junge sagt: „Ich werde meine Mutter gut festhalten, damit ich nicht hinfalle." Ist das richtig so? Was ist besser, wenn die Mutter die Hand des Jungen hält, oder der Junge die Hand der Mutter? Natürlich, wenn die Mutter die Hand des Jungen hält. Manchmal sagen wir: „Oh, ich halte an Gott fest! Ich werde ihn nicht loslassen!" Nein, es ist Gott, der dich festhält! Nicht du! Es ist Gott, der den

Bund hält, nicht du. Deshalb heißt es auch in 2.Timotheus 2, 13: Wenn wir aber untreu sind, so bleibt er doch treu.

Jemand könnte sagen: „Aber, wenn das für mich ist, warum sehe ich das dann nicht?" Erinnert euch, diese Frau, von der ich am Anfang sprach, hat vier Jahre lang gekämpft, weil sie wusste, dass etwas ihr gehörte. Und wenn du weißt, dass diese Segnungen dir gehören, dann wirst du all das für dich beanspruchen! Einer der Charakterzüge des Feindes ist, dass er uns Widerstand entgegensetzt. Und manchmal haben wir nicht die richtige Kenntnis des Wortes Gottes, und wir sagen: „Oh, vielleicht möchte Gott nicht, dass ich Geld habe." Oder: „Ich weiß nicht, ob es der Wille Gottes ist, dass ich gesund bin!" Wenn du nicht glaubst, dass es Gottes Wille ist, gesund zu werden, dann solltest du allerdings auch nicht zum Arzt gehen! Denn sonst würdest du dich ja Gottes Willen widersetzen!

Viel zu oft sagen wir: „Vielleicht ..." Doch das hilft dir nicht! Oder wir sagen: „Aber ..." Wir sind so sehr an diese beiden Wörter „Vielleicht" und „aber" gewöhnt. Sei vorsichtig damit!

Die Verheißung des Segens war für die, die Gerechtigkeit durch Glauben empfangen haben.

Schau auf das vollbrachte Werk von Jesus!

Schau nicht auf dich selbst. Schau auf das vollbrachte Werk von Jesus. Denn er ist der Same von Abraham, und du bist in Christus, also gehören die Segnungen dir. Genau wie Gott wollte, dass Mose sich an den Bund erinnerte, den er mit Abraham, Isaak und Jakob geschlossen hatte, möchte er, dass wir uns an das erinnern, was Jesus für uns getan hat.

Warum feiern wir das Abendmahl? Jesus sagte: „Tut das zur Erinnerung an den Bund, den ich mit meinem Blut gemacht habe!"

1. Korinther 11, 23b–25: ... der Herr Jesus in der Nacht, in welcher er überliefert wurde, nahm das Brot, und als er gedankt hatte, brach er es und sprach: Dies ist mein Leib, der für euch ist; dies tut zu meinem Gedächtnis.

Desgleichen nahm er auch den Kelch nach dem Mahl und sprach: Dieser Kelch ist der neue Bund in meinem Blut, dies tut, so oft ihr trinkt, zu meinem Gedächtnis.

In diesem Bund geht es nicht darum, dass du ihn hältst. Er basiert auf dem Blut von Jesus. Der Bund besteht zwischen Jesus und dem Vater. Und das ist das Liebliche daran! Denn meistens sagen wir: „Weil ich das nicht getan habe, deshalb segnet Gott mich nicht. Weil mir das passiert ist, darum habe ich dieses Problem. Oh, ich muss erstmal mein Leben prüfen, ob irgendwas nicht in Ordnung ist, bevor ich anbete." Und dann siehst du so viele Dinge, dass du nicht mehr die Kraft hast, noch anzubeten. Aber es hängt nicht von uns ab! Alles basiert auf dem Blut von Jesus. Und wann immer wir den Kelch nehmen und wir sagen Danke, dann erinnern wir uns daran, dass er ein treuer Gott ist und sein gesprochenes Wort nicht verändern kann. Wir brauchen täglich das Bewusstsein dessen, was Jesus für uns getan hat. Denn eins unser größten Probleme ist, dass wir im Alltag das vollbrachte Werk von Jesus vergessen. Es ist leicht für uns zu denken, dass alles von unseren Bemühungen abhängt. Aber er sagt: „Erinnert euch an das, was ich für euch getan habe, nicht an das, was ihr tun könnt." Denn wir fragen uns oft: „Was kann ich noch tun, um die Situation zu verändern?" Aber anstatt darüber nachzudenken, was wir verändern können, sollten wir uns lieber an das erinnern, was wir empfangen haben, und das tun wir beim Abendmahl. Das Abendmahl ist eine Feier, nicht ein Ritual! Wenn du dich an das erinnerst, was Jesus für uns getan hat, wirst du mit Freude erfüllt, und Wunder fangen an zu geschehen. Gehst du dagegen mit Unsicherheit und Angst ins Abendmahl, ehrst du nicht das, was Christus für dich getan hat.

Wie reagierst du, wenn du ein unerwartetes, großartiges Geschenk bekommst? Du bist voller Freude! Oder gehörst du zu den Leuten, die sagen: „Oh, das kann ich nicht annehmen!"

Wir Menschen sind sehr vergesslich. Viele unserer Probleme hängen damit zusammen, dass wir vergessen, wer wir in Christus sind. Deshalb ist es gut, das Abendmahl oft zu feiern, zur Erinnerung an das große Geschenk, das Gott dir gemacht hat, nicht als religiöses Ritual. Du kannst es täglich tun. Es ist ein Akt des Glaubens an das, was Christus für uns getan hat. Wenn du das täglich in dieser Haltung tust, wirst du Leben und Stärke im Überfluss genießen.

Kommen wir noch einmal zu Hebräer 8, 6: *Der Hohepriester, von dem wir sprechen, hat dagegen ein weit höheres Amt erhalten, weil er der Vermittler eines besseren Bundes mit Gott ist, welcher auf besseren Zusagen beruht (NLB).*

Seht ihr, alles fing an mit Abrahams Bund. Aber Jesus hat einen besseren Bund für uns geschlossen. Und dieser bessere Bund basiert auf dem, was Jesus tat, nicht auf dem, was du tatst. Also, wenn du sehen willst, dass dein Leben gesegnet ist, dann schau auf das, was Jesus getan hat, nicht auf das, was du tun kannst. Natürlich ist es nicht gut, Falsches zu tun. Sei schlau. Aber Gott bestraft dich nicht wegen solcher Dinge. Diese Dinge werden einige Konsequenzen bringen. Zum Beispiel, wenn du immer lügst, wird dir bald keiner mehr glauben! Es gibt Konsequenzen für falsches Handeln. Aber die kommen nicht von Gott. Du machst es dir nur selbst schwer.

Ich erinnere mich gut an das Dorf in Afrika, in dem ich aufgewachsen bin. Wir hatten dort keinen Fernseher, keine Elektrizität. Und ich liebte Fußball.

Eines Tages gab es ein sehr wichtiges Fußballspiel, das wollte ich unbedingt mitverfolgen. Aber der einzige Junge im Dorf, der ein Radio besaß, machte immer ein furchtbar grimmiges Gesicht. Es sah aus wie eingefroren! Ich hatte wirklich Angst vor ihm! Deshalb habe ich mich nicht in seine Nähe getraut. Ich habe mich ein ganzes Stück entfernt von ihm hingestellt und versucht, von weitem etwas mitzubekommen. Aber auf einmal rief er mich. Und ich dachte: Warum ruft der mich? Habe ich ihn komisch angeschaut oder was? Aber dann bin ich hingegangen und er sagte, er wünscht sich jemanden, der mit ihm zusammen zuhört. Ich war erstaunt, damit hatte ich nicht gerechnet! Der hatte unter Einsamkeit gelitten! Kein Wunder, wenn er immer ein solches Gesicht machte! Aber das war nicht Gott, der ihn aus irgendeinem Grund einsam sehen wollte! Nein, der Typ hat dieses Problem selbst geschaffen. Er hat sich selbst von der Gemeinschaft abgeschnitten mit der Art, wie er sein Leben gestaltet hat.

Also, wenn Situationen nicht so sind wie sie sein sollten, dann gib nicht Gott dafür die Schuld. Gott bestraft dich nicht. Wie wir in Hebräer 8, 6 gelesen haben: Er hat ein weit höheres Amt und einen besseren Bund, und dieser Bund basiert auf seinem Blut. Deshalb schaut Gott auf diesen Bund, nicht auf dich, und segnet dich. Es kommt nicht auf dich an. Er schaut nicht auf das, was du falsch machst. Mit der Sünde ist er bereits am Kreuz umgegangen, darum ist er jetzt nicht mehr daran interessiert! Manche Leute sagen, wenn sie das hören: „Damit gibst du doch den Leuten Lizenz zum sündigen." Lass mich dir sagen: Die Leute sündigen sowieso, auch ohne Lizenz. Ich versuche nur, dir zu helfen, ein siegreiches Leben zu führen. Denn je mehr du das verstehst, dass Gott nicht gegen dich ist, weil sein Blut für dich spricht, desto mehr verliebst du dich in ihn. Und dann wirst du keine Zeit mehr haben, etwas Dummes zu tun. Das ist Befreiung!

Du bist ein Kind des Bündnisses. Stehe fest! Von heute an, versuche nicht, irgendetwas durch dein Abmühen zu erreichen, sondern glaube, dass alles dir gehört. Wenn etwas in deinem Leben passiert, stehe vor dem Herrn und sage: „Vater ich danke dir. Durch das, was dein Sohn am Kreuz getan hat, empfange ich alles. Diese Segnungen gehören mir, und das Böse gehört mir nicht." Lebe dein Leben basierend auf dem vollendeten Werk. Nicht auf deinem Abmühen.

Deshalb spricht die Bibel von den Werken des Fleisches, aber von den Früchten des Geistes.

Was sind die Früchte des Geistes? In Galater 5, 22 sind sie aufgezählt: Liebe, Freude, Friede, Geduld, Freundlichkeit, Güte, Treue, Sanftmut und Selbstbeherrschung. Darin ist keine Anstrengung enthalten. Warum nicht? Weil du Jesus siehst und sein vollendetes Werk. Du genießt das, was er bereits getan hat, und daraus kommt die Frucht hervor.

Die Bibel sagt, so wie Jesus ist, so sind wir auf dieser Erde (Vgl. 1.Johannes 4, 17). Und sie verheißt uns: Keiner Waffe, die gegen dich gerichtet ist, soll es gelingen (Jesaja 54, 17). Warum? Weil deine Gerechtigkeit nicht auf dir basiert, sondern auf dem Bund, den Jesus mit seinem Vater geschlossen hat.

Am Kreuz sagte Jesus: „Mein Gott, mein Gott, warum hast du mich verlassen?" (Matthäus 27, 46). Er konnte ihn noch nicht mal mehr Vater nennen. Denn die sündige Natur war so schrecklich, dass der Vater ihn nicht mehr anschauen konnte. Der Vater ist so heilig, also konnte er nicht näher kommen. Da war eine Mauer zwischen ihnen. Er sagte: „Mein Gott." Das bedeutet, da war keine Beziehung mehr zum Vater, weil er unsere sündige Natur trug. Heiligkeit und Sünde können nicht zusammenkommen.

Wie fühlst du dich, wenn du denkst, Gott ist weit weg ist von dir? Bist du schon mal Leuten begegnet, die immer sagen: „Gott ist gegen mich!"? Wie sieht ihr Leben aus? Sie sind deprimiert und besorgt, hoffnungslos. Gemeinschaft mit Gott ist so wunderschön.

„Mein Gott, warum hast du mich verlassen?" In seiner Menschlichkeit, in einer Stunde der tiefsten Verzweiflung schrie Jesus diese Frage hinaus. Weißt du, warum er das tat? Weil er zu dieser Zeit unsere sündige Natur trug, unsere Krankheiten, all den Schmerz. Und unsere Sünde trennte ihn von Gott.

2. Korinther 5, 21: *Den, der Sünde nicht kannte, hat er für uns zur Sünde gemacht, auf dass wir Gottes Gerechtigkeit würden in ihm.*

Er wurde durchbohrt für unsere Vergehen, zerschlagen wegen unserer Übertretungen, die Strafe lag auf ihm zu unserem Frieden (Vgl. Jesaja 53, 5).

Sein Blut floss für uns. Und nach all dem sagte er: „Es ist vollbracht." Er hatte den Bund gehalten. Und aufgrund dieses Bundes gibt es keinen Weg, wie Gott dich angreifen könnte, oder irgendetwas Gutes aus deinem Leben wegnehmen könnte. Dein Leben basiert auf dem Bund. Erinnere dich immer daran. Und wenn du das tust, dann wirst du Krankheit und andere schwierige Lebenssituationen überwinden, furchtlos und voller Segen sein, weil du dir des Lebens, das in dir ist, bewusst bist.

Lieber Leser, liebe Leserin,

wenn du diesen Gott noch nicht persönlich kennst, möchte ich dir zusichern, dass er dich liebt und auch dich als sein kostbares und geliebtes Kind annehmen will. Ich lade dich ein, folgendes Gebet mitzusprechen:

Herr Jesus,

ich danke dir, dass du für meine Sünde ans Kreuz gegangen bist.

Ich habe erkannt, dass ich es ohne dich nicht schaffe, ein Leben frei von Schuld zu führen. Aber du hast die Strafe für mich getragen, und darum möchte ich dich in mein Herz einladen und dich bitten, meine Schuld wegzunehmen und mir deine Gerechtigkeit zu schenken.

Ich danke dir von ganzem Herzen dafür und ich glaube dir, dass du mich nun gereinigt hast und mir ein neues Leben geschenkt hast.

Amen.

Wenn du dieses Gebet aufrichtig gesprochen hast, kannst du dir sicher sein, dass du nun Gottes Kind bist und Vergebung deiner Sünden empfangen hast.

Um in deinem neuen Leben zu wachsen, empfehle ich dir, dir eine Bibel zu besorgen und regelmäßig darin zu lesen. Suche dir auch eine gute Gemeinde, in die du gehen kannst, in der Gottes Wort gepredigt wird. (Siehe auch meine Hinweise dazu in dem Kapitel: Gehe in die Ruhe Gottes ein.)

Zeitfracht Medien GmbH
Ferdinand-Jühlke-Straße 7
99095 Erfurt, Deutschland
produktsicherheit@kolibri360.de